Reinhard Mohr
Meide deinen Nächsten

W0071333

Reinhard Mohr

Meide deinen Nächsten
Beobachtungen
eines Stadtneurotikers

wjs

1. Auflage
© 2010 wjs verlag, Wolf Jobst Siedler jr. · Berlin
Alle Rechte vorbehalten,
auch das der fotomechanischen Wiedergabe

Schutzumschlag: Dorén + Köster, Berlin
Satz: Dorén + Köster, Berlin
Druck und Bindung: fgb, freiburger graphische betriebe
Printed in Germany

ISBN: 978-3-937989-65-5

www.wjs-verlag.de

Inhalt

Der natürliche Lebensraum des Störers
Gelegenheiten, Orte und Verhältnisse

Epilog

Nachbemerkung oder
Jeder ist sich selbst der Nächste

Vorwort

Ein Mensch schaut in der Straßenbahn
Der Reihe nach die Leute an
Jäh ist er zum Verzicht bereit
Auf jede Art Unsterblichkeit.

Eugen Roth

Edel, hilfreich und gut sei der Mensch – so heißt es nicht erst seit Goethe und Schiller.

Gott und dem Nächsten ein Wohlgefallen.

Schon in der Antike existierte das Idealbild vom gesunden Geist im gesunden Körper, die tugendhafte Verbindung von seelischer und körperlicher Schönheit. Das Christentum sah den Menschen als Ebenbild Gottes im Himmel, dessen Barmherzigkeit und Güte auch die sterblichen Wesen auf Erden durchglühen sollten.

So war Nächstenliebe das erste Gebot.

Im abendländischen Humanismus der frühen Aufklärung triumphierte die Vorstellung vom glücklichen Menschen, dessen Lösung aus selbst verschuldeter Unmündigkeit sich im allseits entwickelten freien Individuum vollenden würde:

Freude schöner Götterfunken,

Tochter aus Elysium...

Und alle Menschen werden Brüder.

Von den ursozialistischen Utopien bis zum marxistischen Kommunismusmodell kulminierte der Glaube an das Gute im Menschen, das nur durch die bösen, also ungerechten Verhältnisse in der Welt an seiner freien Entfaltung gehindert werde.

Bis heute beruhen alle Versuche der Weltverbesserung auf der Idee vom grundsätzlich guten Menschen, der im anderen auch das Eigene, also das Gemeinsame sieht und letztlich nach der Kant'schen Lehre handelt, dass jede einzelne menschliche Tat zugleich mit einer allgemeingültigen ethischen Maxime vereinbar sein müsse.

»Seid nett zueinander!« – So lautet der schlichteste Imperativ dieser optimistischen Weltanschauung, die auch schon mal zur Regelung eines möglichst unfallfreien Autoverkehrs in den fünfziger Jahren herangezogen wurde. Noch ein halbes Jahrhundert später glaubt auch die Gleichstellungsbeauftragte von Castrop-Rauxel daran, dass selbst der verstockteste Macho-Mann als Mitmensch ein ebenso nützliches wie friedliches Mitglied der Gesellschaft werden kann, wenn er sich nur ordentlich anstrengt.

Doch leider hat sich herausgestellt, dass der Mitmensch – trotz aller Bemühungen um Erziehung, Emanzipation und Integration – eine arge Plage geblieben ist. Er ist allzu oft weder aufgeklärter Zeitgenosse noch geliebter Bruder oder gütige Schwester, weder geistvoller Erfinder noch kunstsinniger Gesprächspartner mit Witz und Manieren, sondern ein Störer erster Ordnung. Er ist ein rücksichtsloser Drängler in der S-Bahn, ein ebenso licht- wie furchtloser schwarz gekleideter Radler in stockdunkler Winternacht mit iPod-Stöpseln im Ohr und ein lautstark dozierender Wichtigtuer im Restaurant, ein übel riechender Hintermann an der Supermarktkasse und ein spanischer »Erasmus«-Student, der nach Mitternacht ohne einschlägige Sprachkenntnisse versucht, unter dem Fenster einer von des Tages Mühen erschöpften Fernsehredakteurin deutsche Volkslieder zu Gehör zu bringen.

Fünftausend Jahre Zivilisation haben nichts daran geändert, dass der Mitmensch ein ewiges Ärgernis bleibt, ein Störer und Problemfall, ja, zuweilen ein Feind: *Homo homini enemy*, wie der Kabarettist Matthias Beltz einst Thomas Hobbes abwandelte.

Es ist sogar schlimmer geworden. In den hoch differenzierten, hochkomplexen und immer unübersichtlicher werdenden Gesellschaften lösen sich überkommene Traditionen, Regeln und Sitten auf, ohne dass neue an ihre Stelle träten. So schrumpfen die »virtuellen« Distanzen nicht nur global und geografisch, sondern auch im ganz normalen Alltag. Man rückt sich buchstäblich immer mehr auf die Pelle, während sich das Prinzip der Formlosigkeit immer weiter ausbreitet. Grenzüberschreitungen sind zur Regel geworden, und wer im Zug einfach nur in Ruhe seine Zeitung lesen will, gehört längst schon zu einer kleinen Minderheit.

Die Spezies des unverträglichen Mitmenschen zerfällt in verschiedene Kategorien und phänomenologische Ausdrucksformen.

Mal sind Dummheit und Bösartigkeit mit Händen zu greifen, mal tritt das Phänomen geradezu unschuldig auf, scheinbar absichts- und gedankenlos. Immer aber zeigt sich ein ausgeprägter Hang zu einer autistischen Egozentrik, einer Struktur der ritualisierten Verantwortungslosigkeit. Im Zweifel ist man immer Opfer, nie Täter. Es ist das Programm einer solipsistischen Selbstverwirklichung, in der das bürgerliche Subjekt nicht mehr die Welt verstehen und erobern will, sondern nur noch Selbstrettung und Selbstausdehnung auf Kosten der anderen betreibt – und sei es im Zugabteil, das der kleine Sven-Oliver unter Mamas beglückten Augen im Handumdrehen in das heimische Kinderzimmer verwandelt. Voll autonom und selbstbestimmt, versteht sich.

Die vielfältigen Typen, Charaktere und Maskeraden der Spezies Mitmensch verraten einiges über die Veränderungen der Gesellschaft und bieten zugleich ein kleines zeitgenössisches Gesellschaftspanorama – eine schräge Sittenskizze vom gegenwärtigen Zeitgeist.

Es bedarf keiner weiteren Begründung, dass auch dieses Buch einen substanziellen Beitrag zur Verbesserung der Welt liefern will. Was sonst.

Was macht den Mitmenschen zum Störer?

Typen, Charaktere und Verhaltensweisen

Die neuen Spießer oder
Das Zwergenreich der Besserlebenden

In einer kleinen Ecke mitten in Berlin existiert ein Volks-
stamm rundum glücklicher, junger, erfolgreicher und
schöner Menschen: das faszinierende Biotop der Besserle-
benden im Prenzlauer Berg rund um den Kollwitzplatz.
Fast könnte man meinen, hier hätten Sozialwissenschaft-
ler, Familientherapeuten und postmoderne Stadtplaner
ein kongeniales Szenario entworfen und probeweise in die
Tat umgesetzt.

Die Eroberung des öffentlichen Raums durch die Generation der Thirtysomethings vollzieht sich vor allem als
selbstbewusste Innenausstattung von Straßen und Plätzen: Alles mutiert hier irgendwie zum großen Wohnzimmer mit Sofa, Sitzecke und exotischem Blumengesteck.

Eine Mischung aus Lindenstraße und Bonsai-Paradies.
Ein locus amoenus, in dem die Weltgeschichte zu ihrem
glücklichen Ende gekommen zu sein scheint – irgendwo
zwischen glücklicher Paarbildung und Ayurveda, Week-
end-Wellness und Bioladen-Power. Eine profane Erlö-
sungsszenerie, ein Stillleben im Winkel, in dem ein neues
Spießertum die Wonnen der eigenen Ungewöhnlichkeit
feiert. Hier ist das Leben eine Art Dauerbrunch, ein ewig
währender Kindergeburtstag.

Diese milde, metaphysisch angehauchte Normalität zwischen Dinkelbrot und Laptop bringt ihre eigene Ästhetik hervor, die auf Du und Du ist mit Schnuller und iPhone, Apfel-Ingwer-Tee und Flachbildschirm. In diesem Reich von Wohlstand und Zufriedenheit verschwimmen sogar die Grenzen zwischen Kindheit und Erwachsensein im Nirwana des forever young. In ihm spiegeln sich die ewigen Sehnsüchte des Menschen nach Glück und friedlicher Unschuld. Kurz: Alles ist hier irgendwie schnulli.

Das Böse und Brutale der harten Erwachsenenwelt, all die unlösbaren Widersprüche und Antinomien sind draußen, weit weg, irgendwo hinter der Prenzlauer Allee, dort, wo die Völker grundlos aufeinanderschlagen und niemand nach einer klimaneutral hergestellten Aspirintablette fragt. Doch die vielen Touristen, die tagtäglich in dieses sagenhafte Zwergenreich von Glück und Harmonie einströmen, scheinen zu ahnen, dass sie hier nicht in der wirklichen Welt sind, sondern im Lebendmuseum eines postmodernen Tagtraums.

Die Kampfmutter oder
Haben Sie was gegen Kinder?

Das Kind schreit. Es schreit so laut und durchdringend, dass hier und da die Fenster zur Straße aufgehen. Man schaut vom Balkon im dritten Stock herunter und sieht einen kleinen Jungen, der partout nicht nach Hause will. Es ist ein schöner Sommernachmittag, und er will einfach nicht nach Hause.

Die Mutter hat ihr Fahrrad mit dem obligatorischen Kindersitz abgestellt und redet auf den Vier- oder Fünfjährigen ein.

Von oben kann man ihre Worte nicht hören, aber sie scheint es mit allen rhetorischen Tricks der Kleinkind-Überwältigung zu versuchen. Nur die Worte »Ich muss jetzt nach Hause« oder »Wir müssen jetzt nach Hause« sind zu vernehmen. Der Effekt der dringlichen Ansprache ist niederschmetternd gering. Der Junge schreit weiter. Mehr noch: Jede neue Ermahnung, jedes neue Bitten und Flehen macht ihn nur noch wütender. Er wirft sich aufs Trottoir und schreit weiter. Dabei trommelt er mit seinen kleinen Händen auf die Steinplatten. Die Mutter ist ratlos. Plötzlich fällt ihr Trick 17 ein: Sie nimmt ihr Rad und geht einfach schon mal los. »Dann geh ich jetzt einfach los!«, sagt sie ihrem Kind. Nach zwanzig Metern hält sie an. Das Kind kommt natürlich nicht nach, sondern schreit weiter. Die Methode hat also nicht funktioniert. Das Schreien des Kindes, ein in dieser Straße wahrhaft nicht unübliches Alltagsgeräusch, nimmt immer dramatischere Züge an, während die Hilflosigkeit der Mutter von Sekunde zu Sekunde wächst.

Bei dem warmen Sommerwetter sind viele Menschen draußen unterwegs, und die ersten Touristen sehen sich schon gezwungen, über den am Boden liegenden Jungen zu steigen. Niemand scheint sich zu wundern, und natürlich greift niemand ein. Das hier ist reine Müttersache.

Plötzlich hat die Mutter eine Eingebung. Sie setzt sich auf den Gartenstuhl eines Lokals, öffnet ihren Rucksack und holt die »taz« heraus. Nun liest sie erst mal schön Zeitung. Woll'n doch mal sehen. Soll der Junge doch merken, dass Mutter jede Menge Zeit hat und sich die Laune nicht verderben lässt. Schade nur, dass sie gerade eben noch das Gegenteil signalisiert hat. Die Supernanny von RTL würde hier von einer »fatal ambivalenten«, das heißt letztlich verwirrend inkonsequenten Botschaft sprechen.

Das kluge Kind hat das natürlich längst begriffen und schreit weiter, während es sich auf der Steinplatte herumwälzt, mit dem Gesicht nach unten. Inzwischen sind schon an die zehn Minuten vergangen – für die Augen- und Ohrenzeugen mindestens eine gefühlte Ewigkeit. Touristen steigen noch immer über das Kind, und die Mutter liest weiter die »taz«.

Irgendwann wird es ihr aber doch unheimlich. Das raffinierte Ablenkungsmanöver hat nicht geklappt, die Sache droht, aus dem Ruder zu laufen. Sie geht noch einmal zurück zu ihrem schreienden Kind auf dem Trottoir. Noch einmal fallen dramatische Worte, unterstützt von dramatischen Gesten. Und dann tut die Mutter etwas Ungeheuerliches, gänzlich Unerwartetes: Sie übt unmittelbare körperliche Gewalt aus. Entschlossen greift sie die rechte Hand des Jungen und zieht ihn hoch. Mit einem kräftigen Ruck nimmt sie ihn auf den Arm und verfrachtet ihn unter letzten Anstrengungen auf den wackligen Kindersitz. Die »taz« ist wieder im Rucksack verstaut, und so kann es endlich losgehen, ab nach Hause. Mit jedem Meter verweht das Schreien ein bisschen mehr. Dann hört man nichts mehr.

Es versteht sich, dass in die Sekunden lang aufkommende Stille sofort neue akustische Akzente dringen, die zum Beispiel von offenen Meinungsverschiedenheiten zwischen Mutter und Kind über die Frage künden, wie viel Eiskugeln für Björn-Ole angemessen sind: »Viiiiier. Du hast es versprocheeeen!!! Viiiier!«

Der Trend, die Erziehung der Kinder weitgehend in die Öffentlichkeit zu verlegen, bringt noch viele andere Erlebnisse hervor, an denen die Nachbarschaft im Umkreis mehrerer Hundert Meter teilhaben darf, ob im Restaurant oder im Weinladen, im Park oder auf dem Markt.

Schon am frühen Morgen setzen sich massenhaft technologisch hochgerüstete Kinderwagen in Bewegung – eine luxuriöse Kampfgeschwaderformation des kollektiven Familienglücks auf dem Marsch zur Kinderkrippe. Hier und da dröhnen knallrote Bobbycars übers teure Pflaster, in denen Max, Rudolf und Lasse erste Erfahrungen für spätere Karriereschritte in der Formel 1 sammeln.

Brrrmmm, brrmmm, brrrrmmmm.

Eine knappe Stunde später schon sind die schicken Cafés im Osten Berlins voll von Mitte-Muttis und »Prenzlberg«-Promis und geben den Blick frei auf das Erste Gesetz von »Pregnancy Hill«: Wer hier nicht schwanger ist oder es werden will oder in Partnerschaft mit einer Schwangeren lebt, eine solche Partnerschaft zumindest anstrebt oder wenigstens vorgibt, sie anzustreben, ist den Latte Macchiato nicht wert, der auf seinem wackeligen Cafétischlein kalt wird.

Hier ist Kinderlärm Zukunftsmusik und aufgeschäumte Milch das Manna des Bionade-Universums, in dem praktisch alles »bio« ist – selbst der schwarze BMW X3 und all die anderen coolen Offroader, mit deren Hilfe die Biokartoffeln und Ökokarotten aus der »LPG« ins durchgestylte Heim gekarrt werden.

Die Mutter ist hier keine Matrone mehr, sondern ein Model. Ein *Role-Model*, das Tag für Tag daran arbeitet, das eigene Lebensumfeld strengsten Life-Design-Vorgaben anzupassen.

Sie sieht gut aus und hat ihre schlanke Figur schon wenige Wochen nach der Geburt wiedererlangt. Sie hat einen tollen, beinah ebenso attraktiven, gut verdienenden Mann und betrachtet ihr Kind als ambitioniertes Projekt im harten internationalen Wettbewerb. Das heißt vor allem Bildung, Bildung, Bildung, und immer an das Outfit denken.

Früh schon lernt der kleine Marc, das richtige Brot fürs Wochenende auszusuchen, wenn er aus seinem geländegängigen »Quinny Sportwagen Speedi bordeauxrot« oder dem »TFK Joggster III carbo/diesel« geholt und auf die Kundentheke gestellt wird.

Zur Wohnungsbesichtigung wird er selbstverständlich als gleichberechtigter Immobilienexperte mitgenommen. Erfahrene Maklerinnen wissen zu berichten, dass auch hier die letzte Entscheidung über den Abschluss eines Mietvertrages gerne dem Vierjährigen überlassen wird: »Würdest du dich denn hier wohlfühlen, Alexander?«

Kurz darauf testet der Kleine schon mal seine Standfestigkeit auf der Balkonbrüstung. Die Mutter ist derweil so intensiv mit der gedanklichen Einrichtung des Kinderzimmers beschäftigt, dass sie es der Maklerin überlässt, das hochbegabte Kind vor dem Sturz aus dem vierten Stock zu retten.

Abends im Restaurant ist die Mutter dann wieder ganz Ohr und Auge, wenn Marc, Alexander oder Frederic noch gegen 22.30 Uhr auf einer Portion Tiramisu besteht. Schon bei »Jacques' Weindepot« am frühen Abend wollte der Kleine keinesfalls darauf verzichten, den schweren Vacqueyras (Appellation Cote du Rhone Controlée) mit seiner traditionellen Mischung aus Grenache, Mourvédre und Syrah zu probieren.

Auch wenn die darauffolgenden harten Auseinandersetzungen zwischen Mutter und Kind den einen oder anderen Kunden irritieren mochten, es bleibt dabei: Wir haben die Welt und damit auch die Weinberge von unseren Kindern nur geliehen!

Wer hier anderer Meinung sein sollte und womöglich halblaut vor sich hin murmelt, dass eine Weinhandlung nicht eben der ureigenste Aufenthaltsort für Kleinkinder ist, bekommt die ganze Verve der modernen Kampfmutter zu spüren.

Im Handumdrehen wird sie zur Naomi Campbell des Kindkaisertums und schmettert dem verunsicherten Weinliebhaber entgegen: »Haben Sie was gegen Kinder?!«

Dann, aber erst dann, herrscht Ruhe im Objekt.

Der Berlin-Tourist oder
Wo bitte geht's zum Ballermann?

Das erste Merkmal des Berlin-Touristen ist arithmetischer Natur: Er wird ständig mehr, immer mehr. Er wächst und wächst. Den offiziellen PR-Slogan »Be Berlin!« hat er sich derart leidenschaftlich zu Herzen genommen, dass er ihn als ultimative Aufforderung in den Schlachtruf »Be in Berlin!« uminterpretiert hat. Sogar im Krisenjahr 2009 kamen noch einmal 4,5 Prozent mehr als 2008: Sage und schreibe 8,3 Millionen Menschen überfielen die deutsche Hauptstadt und übernachteten dabei, rein statistisch gesehen, fast 19 Millionen Mal. So geht das nun schon seit Jahren, und ein Ende des Booms ist nicht abzusehen. Nach New York, Paris und London ist Berlin längst das beliebteste Städteziel des weltweiten Tourismus, in Europa ist es gar die Nummer eins, und wer hier schon länger als ein Jahrzehnt wohnt, hat das Gefühl, dass sich die Zahl der Reisegruppen in Wirklichkeit stets verdoppelt hat, also exponentiell zunimmt.

Ob als Seniorenausflug oder mit Easy-Jet, ob zu hunderten oder zu vieren, jung oder alt, chinesisch, spanisch oder schwäbisch – vor allem die selbst in der oberbayerischen oder unterfränkischen Diaspora als cool und hip geltenden Bezirke Mitte, Friedrichshain und Prenzlauer Berg werden regelrecht geflutet. Dabei spielen Jahreszeit und Wetter so gut wie keine Rolle. Wer etwa glaubt, Herbststürme und Schneeregen, arktische Minustemperaturen und monatelanges Schelf- und Glatteis würden auch nur einen einzigen, zu allem entschlossenen Berlin-Touristen von einem Bummel über den Hackeschen Markt oder durch die dunkle Quaderlandschaft des Holocaust-Mahnmals abhalten, der irrt zutiefst und hat keine Ahnung vom eigentümlichen Sog, den das einstige Zentrum Preußens, Nazideutschlands und der untergegangenen DDR auslöst.

Bei Wind und Wetter kämpft sich der Berlin-Tourist durchs unwegsame Gelände, und dabei ist es gerade das immer noch ostsibirisch-steppenhaft Wüste, zum Beispiel rund um den Berliner »Schlossplatz«, das ihn fasziniert und magisch anzieht. Zum authentischen Berlin-Gefühl gehört das baugrubenhaft Wilde und Unfertige, das sich unaufhörlich Wandelnde und Überraschende, manchmal auch das Exzentrisch-Abstoßende. Kein Wunder: Von zu Hause kennt er das nicht. Da ist immer alles gleich. In Berlin aber ist selbst jede Haustür irgendwie anders. Vor allem: anders zugesprayt. Deswegen muss sie auch immer wieder fotografiert werden.

Natürlich gehören Siegessäule, Brandenburger Tor und Friedrichstraße ebenfalls zu den zentralen Aufmarschglacis des Berlin-Touristen, aber eigentlich zieht ihn genau das am meisten an, weswegen Berlin-Bewohner mehrmals im Jahr die Flucht ergreifen: das Rüde, Abgeranzte, Schrundige und Siffige, das Triste und Kaputte; dazu die völlig ausgeuferte Draußensitzkultur, die komplette Entgrenzung von öffentlicher und privater Sphäre, kurz: die Verlängerung der Wohngemeinschaft auf den Bürgersteig, auf Straßen und Plätze, genau das also, was in kritischen Augenblicken für jeden normalen Zeitgenossen nur eine Zumutung ist.

Was in Rom oder Paris romantisch oder pittoresk sein mag und wohlige Schauer einer stolzen, jahrtausendealten Historie verbreitet, das ist in Berlin jenes abenteuerliche Gesamtkunstwerk aus Rost und Hundehaufen, Hinterhof und Adidas-Store, ein sozialästhetisch explosives Gemisch, in dem Kreativität wuchert wie wilde Rosen auf dem Biokomposthaufen.

Wenn der Tourist dann in schier unendlicher Langsamkeit, die durchschnittliche Gehgeschwindigkeit seiner betrüblichen Zukunft, Stichwort: betreutes Wohnen, Pflegestufe I, unbewusst vorwegnehmend, durch die Oranienburger Straße und die Seitenstraßen des »Scheunenviertels« schlurft, dann ist ihm, als streife er durch eine Art offenen Vollzug, ein Freilichtmuseum des unbekannten urbanen Lebens.

Um dessen Abgründe noch gründlicher studieren zu können, bieten sich zwei populäre Methoden an. Bei der einen rotten sich wüste Haufen, vorwiegend jung und aus Übersee stammend, zusammen, um an einer alkoholgestützten Springprozession – inoffizielles Motto: »Beer in Berlin« – teilzunehmen. Schon nach wenigen Lokal-Stationen taumeln die bis zu hundert Teilnehmer dieser »pub crawls« angetrunken und entspannt grölend durch die nächtlichen Straßen, und wenn sie noch von ruhebedürftigen Anwohnern mit wüsten Beschimpfungen bedacht oder mit Gegenständen beworfen werden, dann entsteht dieses einmalige Berlin-Gefühl zwischen Krach und Krombacher, das sie immer wieder in diese herrliche Stadt locken wird.

Die andere Möglichkeit der Erlebnisintensivierung verwirklicht sich auf dem Sattel eines gemieteten Zweirads: Bei Tempo 5 bis 10 Kilometer pro Stunde geht es in Kolonne über Stock und Stein, und wie nebenbei entsteht dabei eine ganz neue, kreative Form der Verkehrsbehinderung, die schon zu einigen Auffahrunfällen geführt hat – nicht zuletzt deshalb, weil die Auffassung darüber, wie genau eine rote Ampel zu verstehen sei, international doch umstrittener zu sein scheint, als man glauben will.

Ist der Tourist am Ende etwas erschöpft vom Kampf um Berlin, dann setzt er sich zu seinesgleichen ins Café und zieht sich als Erstes ne fette »Latte« rein. Was sonst.

Wie von Zauberhand gelenkt, erscheint just in diesem Augenblick auch einer jener grundsympathischen und liebenswerten Straßenmusikanten, die den Tag in Berlin auch musikalisch abrunden. Nur zu gerne gibt der Berlin-Tourist dafür sein letztes Kleingeld. Ganz zwanglos ist so für die weitere Vermehrung von gleich zwei Störerspezies gesorgt.

Nächstes Jahr, versprochen, wird man wiederkommen.

Der Mitreisende oder
Unterwegs mit Nervensägen

»In Eisenbahnen, in Bädern und auf Schiffen, in Kurorten, Hotels, in Pensionen lebt ein fremd- und bösartiges Tier: Der Mitreisend... Der Beruf des Mitreisenden ist es, zu stören. Er stört. Schon ehe er auftritt, stört er... Und zähneknirschend gestattet man, dass der Mitreisende sich einnistet und es sich bequem macht, der Parasit... Der Mitreisende ist ein grauenvolles Kollektivwesen ohne Gesicht und Namen, behaftet mit der Fähigkeit zu allen schlechten Manieren sowie mit dem Fluch, durch sein Dasein zu stören... Kein noch so dicht vor die Nase gehaltenes Buch schützt vor der Lebensgeschichte des Mitreisenden. Der Mitreisende ist mit allen Mitteln bestrebt zu beweisen, dass er auch ein Mensch ist. Er hat eine harte Jugend gehabt. Jetzt reist er zu Verwandten nach Gütersloh.«

So schimpfte schon vor achtzig Jahren Sebastian Haffner, kurz bevor er aus Deutschland floh – allerdings nicht vor dem Mitreisenden, sondern vor Hitler.

Gleichwohl gibt seine seitenlange Philippika zu denken, an deren Ende das bitter-ironische Eingeständnis steht, auch er selbst sei zuallerletzt nichts anderes als ein Mitreisender.

Was aber will uns das sagen? Verweist die Selbsterkenntnis etwa auf Dostojewskis berühmte Maxime, dass auf dieser Erde »jeder für alles verantwortlich« sei, also auch mitschuldig an allem, was geschehe? Wäre also die Tirade gegen den Mitreisenden als verachtenswerten Charaktertypus ein ebenso zeit- wie sinnloses und überflüssiges Unterfangen, weil sie letztlich alle beträfe und damit eigentlich niemanden?

Nein und nochmals nein. Denn jeder, der schon einmal im InterCityExpress »Hildegard von Bingen« saß und im geschlossenen Abteil gezwungen war, einem in sich selbst versunkenen leidenschaftlichen Apfelschäler dabei zuzusehen, wie er die Baumfrucht in minutenlanger Kleinarbeit von ihrer Schale befreite, um sie in hingebungsvoller Präzision in möglichst viele, gleich große Stücke zu zerteilen, bevor er sie in ebenso unendlicher Langsamkeit eins nach dem anderen in den Mund schob, der weiß: Hier wird offen gegen Immanuel Kants kategorischen Imperativ verstoßen: Du sollst kein Streuobst schälen im Angesicht deines Nächsten!

Der Apfelschäler verstößt zudem flagrant gegen das Grundgesetz der Ästhetik, gegen die Mindestanforderung an den apollinischen Schönheitssinn, der seit der Antike gilt.

Wem dies alles noch zu abstrakt ist, der halte sich an das gut 450-seitige Standardwerk von Gertrud Oheim »1 x 1 des guten Tons« aus dem Jahre 1955, in dem es im Kapitel »Benehmen in der Eisenbahn«, Abschnitt »Was man im Abteil **nicht** tun soll« unter Punkt 2 unmissverständlich heißt: »als Proviant stark duftende Dinge wählen wie übel riechenden Käse, Zwiebel oder Knoblauch usw.«

Es ist allein dem raschen Wandel der Zeitumstände geschuldet, dass Käse damals weithin als übel riechend galt, während das heute üblich gewordene schamlos öffentliche Zelebrieren von Rohkostzubereitungen und ähnlich abstoßenden Verrichtungen unerwähnt blieb.

Sagen wir es frei heraus: Mögen wir selbst auch zuweilen und letztlich unvermeidlich Mitreisende sein – zu solchen Taten sind wir einfach nicht fähig.

Ist dann, endlich, endlich, alles aufgegessen, beginnen die Aufräumarbeiten, die sich ähnlich in die Länge ziehen können wie der Kölner U-Bahn-Bau. Schließlich kommt der Rucksack an die Reihe, in dem noch viele andere Schätze lagern, darunter ungeschälte Karotten, zerlesene Taschenbücher zur Globalisierungskritik, ein abgepacktes Sieben-Korn-Müsli und ein halbes Dinkelbrot.

Wer aber glauben würde, damit habe es nun wirklich ein Ende, der irrt. Denn jetzt wird die Thermosflasche ausgepackt und aufgeschraubt. Eine Mischung aus Hagebutte, Kamille, Ingwer, Fenchel, Süßholz, Zimt, Pfefferminze, Rotbusch und Brombeerblättern entströmt ins Abteil, und ältere Mitreisende überfällt die Proust'sche *memoire involontaire* an das erste Mal im Körnerladen, damals, 1975 in Frankfurt-Bockenheim, als man abends beim Griechen saß, Mikis Theodorakis hörte und an der Beziehungskiste so lange herumschraubte, bis sie in allen Einzelteilen auf dem Tisch lag. Doch schon die wohligen Schlürfgeräusche reißen die Abteilgenossen aus ihren seligen Träumen und setzen die Tortur fort.

Augenblicke später wartet schon die nächste Qual auf ihren Einsatz: Die allgegenwärtige, ebenso sinn- wie gedankenlose Kommunikationssucht der Mitreisenden und ihr Allerheiligstes, das Handy. Gewiss, das Phänomen verfolgt uns seit Jahren, doch inzwischen haben nicht nur iPhone, iPad, iPod und iTunes immer neue Möglichkeiten geschaffen, letzte Reservate von Ruhe und Konzentration zu vernichten, sondern auch die immer noch steigerungsfähige Entgrenzung des Privaten. »Ich bin jetzt kurz vor Oldenburg. Du kannst das Kaninchen schon mal anbraten!« – Mitteilungen dieser Art sind historisch weitgehend überholt. Inzwischen beherrschen andere, raumgreifende und intime Gesprächsthemen das Zugabteil und den Großraumwagen.

Ein Motorradfahrer etwa, der gerade einen Unfall gebaut hat und jetzt mit dem Zug heimwärts fahren muss, berichtet am Handy der Reihe nach allen seinen Freunden, Verwandten und Bekannten von dem schrecklichen Ereignis, das er offenbar jedoch nahezu unversehrt überstanden hat. Nach dem vierten oder fünften lautstark vorgebrachten, detailreichen, aber eben auch gleichlautenden Augenzeugenbericht wünschten einige Reisende schon, der Mann hätte wenigstens ambulant behandelt werden müssen, sodass er immerhin den ICE »Sophie Scholl« verpasst hätte.

Nach dem zehnten Bericht in Folge träumt nahezu die gesamte Mitgehörgemeinschaft von einem Frontalzusammenstoß.

Aber es geht auch sanfter. Eine halbe Stunde lang parliert eine junge Frau im benachbarten Sitz mit einer Freundin über ihre nächsten Schritte ins erwachsene Leben. Das Gespräch ist derart eindringlich und ausführlich – »Ich muss da auch mal 'n Stück weit über meinen Schatten springen, verstehste, was ich meine?« –, dass man intuitiv darauf wartet, den Schatten jetzt auch mal persönlich kennenzulernen. Mehrfach hofft der Zwangszuhörer, der Gedankenaustausch nähere sich nun wirklich seinem Ende, denn eigentlich ist längst alles gesagt, oft auch zweimal oder dreimal, aber nein, immer wieder wird ein neues Diskurstürchen aufgestoßen. Gerade Frauen verfügen hier über schier unerschöpfliche Reserven.

Was die Sache noch verschärft: Sie artikulieren meist besser und deutlicher als Männer, die zuweilen derart nuscheln, dass man den Redefluss hörtechnisch wie seinspraktisch als Meeresrauschen abbuchen und so einigermaßen elegant in den Wahrnehmungshintergrund verschieben kann. Bei Frauen funktioniert das nicht. Schon schlichte Fragestellungen wie »Du, was macht eigentlich der Thorsten?« ziehen zehnminütige Erörterungen nach sich, und erst wenn der letzte René, Dirk oder Thore gebührend abgehandelt worden ist, versiegt der Kommunikationsfluss allmählich zu einem Rinnsal. »Ja, tschüss dann, bis denne, wir können ja nächste Woche noch mal in Ruhe, genau, hm, ja klar, also dann, mach's gut und ciaoi, ja, richt' ich aus, also tschüssikowski!«

Bemerkenswert ist immer wieder, dass kaum jemand den Mut aufbringt, einer derartigen Nervensäge Einhalt zu gebieten. Andererseits bleibt die Frage wohl auch ewig un-

beantwortet, warum so viele Menschen ihre Privatgesprä-
che mit unsichtbaren Dritten (und das ist etwas ganz anderes als ein Gespräch unter Reisenden) bis in intimste
Einzelheiten derart laut und vernehmlich führen, als stün-
den sie auf einer Theaterbühne. Vielleicht ist es deshalb
auch logisch, dass jeder, der um etwas mehr Diskretion
bittet, seinerseits als böswilliger Störenfried empfunden
wird, ja geradezu als Feind, der auf unverschämte Weise in
die Privatsphäre eindringt. Dass diese selbst zuvor durch
das bodenlose Geschwätz in der Öffentlichkeit aufgeho-
ben wurde, ist den notorischen Nervensägen natürlich keinesfalls bewusst.

Offenkundig besteht das Geheimnis des Mitreisenden
als Störer in der Faszination, die er auf die anderen ausübt,
in der Penetranz seiner öffentlich zur Schau gestellten
Egozentrik und Weltvergessenheit, nicht zuletzt aber auch:
in seiner unterhaltungssüchtigen Apokalypseverliebtheit,
dem Wettkampf um das schlimmste anzunehmende Übel.

»Die Lust am Untergang. Selbstgespräche auf Bundes-
ebene« lautet der Titel eines Werks des Feuilletonisten
Friedrich Sieburg aus den fünfziger Jahren des vergangenen Jahrhunderts, in dem er über zwei Mitreisende im
Flugzeug berichtete, einen Dänen und einen Schweizer,
»zwei Männer, denen ich zuhören musste, ob ich wollte
oder nicht, denn sie sprachen sehr laut«: »Sie bereiteten
sich einige angenehm gruselige Stunden damit, den euro-
päischen Schicksalsfaden zu spinnen und sich gegenseitig
auszumalen, wie schlimm es um den von ihnen so brillant
repräsentierten Kontinent stünde. Die fünfte Kolonne befand sich, wenn man ihnen glauben sollte, bereits tief im
Herzen unserer Länder. Mit den Engländern war überhaupt nicht zu rechnen (»die sind total fertig«), und von
den Franzosen wollten sie lieber überhaupt nicht reden
(»ha, ha«). Und die Deutschen warteten nur ihre Stunde
ab, um sich an die Brust der Russen zu werfen. Europa war

erledigt, und die Amerikaner verlören nur ihre Zeit, und mit ihnen sei es übrigens auch nicht weit her ... Die beiden prahlten förmlich mit der Hinfälligkeit unserer Welt, und je düsterer ihre Prognosen wurden, umso freundlicher wurde ihre Stimmung, bis sie schließlich in Frankfurt das Flugzeug im Zustand höchster Aufgekratztheit verließen.«

Heute könnte man sich natürlich iPod-Stöpsel in die Ohren stecken oder mit dem Nebenmann ein Fachgespräch über die Zukunft des iPad beginnen, und das tun ja nicht wenige in ihrer Not. Gerade die Sensiblen unter den Reisenden aber lassen sich allzu leicht in den Sog des »fremd- und bösartigen Tiers«, des »grauenvollen Kollektivwesens« ziehen. Seine schwarze Magie besteht in einer fatalen Mischung aus Abscheu und Anziehungskraft, die das Abwenden des leidvoll beobachtenden Blicks praktisch unmöglich macht. Selbst das kleinste Knistern und Fiepen klingt da wie die Alarmsirenen der New Yorker Feuerwehr.

So bleibt es dabei: Es ist der Beruf des Mitreisenden zu stören.

Und es gibt kein Entrinnen.

Der Sprayer oder
Die Ungerechtigkeit der Welt

Er hatte eine schwere Jugend. Oder er ist noch mittendrin. Aber er kämpft tapfer gegen sie an. Besser: Er geht kreativ mit ihr um. Er sucht seinen authentischen Selbstausdruck, das, was die Nachkommen der 68er einst »Selbstverwirklichung« nannten.

Natürlich versteht er sich als Künstler im Sinne von Andy Warhol und Joseph Beuys. Zugleich ist er ein Kämpfer gegen eine brutal gleichgültige Gesellschaft, die nicht nur ihm den Respekt versagt, sondern allen seinen Kumpels. Daher ist der kreative künstlerische Kampf auch eine Aktion der Notwehr, ein Aufschrei gegen die real existierende Welt.

Zum Beispiel gegen U- und S-Bahn-Wagen, die nachts sinnlos im Depot stehen, einfach so. Dem Sprayer lässt das keine Ruhe, denn natürlich ist er auch ein Abenteurer, ein Suchender, ein Pfadfinder mit Gesichtsmaske und Farbdose. Wenn er fündig geworden ist, »bombt« er mindestens einen kompletten S-Bahn-Wagen. »Bomben« heißt zusprayen, »taggen«, vollschmieren, anmalen, zukleistern, kurz: das Objekt derart flächendeckend umgestalten, dass es am nächsten Tag eigentlich gleich in die Werkstatt muss – zur Rundumsäuberung. Da aber trotz aller Bemühungen – allein in Berlin kostet die Graffiti-Bekämpfung etwa 50 Millionen Euro jährlich – so viel Geld gar nicht da ist, fahren die Wagen mit riesigen Buchstaben, gigantischen Farbflächen, geheimnisvollen Zeichen und wilden Zacken oft wochenlang durch die Stadt. Das sichtbare Ergebnis seiner Arbeit freut den Sprayer, schließlich hat auch er eine Berufsehre. Aber schon bald, meist in der nächsten Nacht, muss er wieder ran. Es gibt noch so viel zu tun.

Immer neue, frisch sanierte Häuserwände rufen nach gesellschaftskritischen Stellungnahmen, aber auch neu installierte Bushaltestellen, historische Informationstafeln, antifaschistische Gedenksteine, Treppenhäuser, Brücken, Unterführungen, Schaufenster, Marmorstatuen, restaurierte Holzportale, Verkehrsschilder, Friedhofsmauern, Bahnhofshallen, Parkbänke, steinerne Sitzquader, Straßenpoller, Gipsbüsten, Plakatständer, Toilettenkacheln, U-Bahn-Stationen, Lärmschutzwände, Aussichtstürme und Sockel von Aussichtstürmen. Zuweilen konkurriert der Sprayer auch direkt mit anderen Kollegen vom Fach – wie bei der farblichen Ergänzung des berühmten Käthe-Kollwitz-Denkmals in Berlin-Prenzlauer Berg.

Andererseits gibt es Professoren und Kunstpädagogen, die auch dem durchschnittlichen Farbdosenfreund genuin künstlerische Ambitionen attestieren. In einem Berliner Demonstrationsaufruf (»ArtRevolution«) vom Sommer 2008 hieß es: »Graffiti ist eine Art Subkultur geworden, wo Jugendliche Zugehörigkeit finden und ihre Emotionen, Gedanken und Ideen künstlerisch umsetzen. Dass diese jungen Künstler sich durch Straftaten schon früh im Leben stark verschulden, finden wir unfär.«

»Fär« finden wir das auch nicht, aber so ist das Leben.

Junge talentierte Künstler müssen sich verschulden, um Straftaten begehen zu können, die zur Selbstverwirklichung unabdingbar sind. Und die Spießer beschweren sich auch noch über die allgegenwärtigen »Schmierereien«.

Ein Trost bleibt: Ab Mitte zwanzig richtet sich die Kreativität der meisten Sprayer auf andere Dinge: Bausparvertrag, private Rentenvorsorge und die Frage, ob der kleine Stammhalter und Nachfolger im Kampf um Respekt und Anerkennung Sven-Oliver, Finn-Ole oder Lars-Rüdiger heißen soll.

Der Straßenmusikant oder
Mit der Trompete in der Hand
kommst du durch das ganze Land

Wenn es Frühling wird, schlagen die Bäume aus, die Vögel zwitschern nach Leibeskräften, und die Hausfrau drängt es zum Hausputz. Es ist diese Zeit des alljährlichen Aufbruchs, die auch den Straßenmusikanten nicht mehr ruhen lässt. Zwar hat noch kein Mensch auf Erden herausgefunden, wo er eigentlich sein Winterquartier aufgeschlagen hat, womöglich irgendwo in den Ostkarpaten oder in der Uckermark, aber irgendwann rund um Ostern hält es ihn nicht mehr.

Dann muss er hinaus in die große weite Welt und den Menschen ein Ständchen bringen, jeden Tag und jede Stunde, vor allem: Abend für Abend. Bewaffnet mit Klarinette und Ziehharmonika, mit Saxofon und Gitarre, Trommel und Bongos, Querflöte und Trompete zieht er durch die Städte Europas, von Restaurant zu Restaurant, von Café zu Café, von Gartenlokal zu Gartenlokal. Am hartnäckigsten halten sich die hochmobilen Gitarrencombos immer dort auf, wo das Störpotenzial am größten ist – also exakt vor meiner Haustür.

Überhaupt ist die Wahrscheinlichkeit, dass ein mexikanisches Mini-Orchester eine halbe Stunde lang die Umgebung beschallt, immer dort am größten, wo ich mich gerade aufhalte, auch wenn das der offiziellen statistischen Erkenntnislogik widerspricht.

Hinzu kommt: Der Klimawandel in Tateinheit mit dem Zivilisationstrend zum endlosen pseudohedonistischen, heizpilzgestützten Im-Freien-Sitzen ab acht Grad (in Hamburg: ab drei Grad) aufwärts hat dazu geführt, dass die Zielgruppe der musiktouristischen Beschallung beständig wächst. In Berlin zum Beispiel werden ganze Straßenzüge professionell abgegrast, Meter für Meter, Bar für Bar, Terrasse für Terrasse.

Der neueste Trend ist der konsequente akustische Durchmarsch, das pausenlose Durchmusizieren auch auf dem Arbeitsweg an die Beschallungsfront. Man trompetet sich schon mal warm, und die mediterrane Lebensfreude blitzt dabei aus allen Augenwinkeln.

Insgesamt fünf internationale Titel reichen vollkommen aus, um ab dem frühen Nachmittag einen flächendeckenden Lärmteppich über die einschlägigen Stadtviertel zu legen. Selbst zehnjährige Steppkes mit Fiedel, Mundharmonika oder Blockflöte tragen an besonders schönen, sonnigen Tagen tapfer dazu bei, dass kein Moment sinnlos unausgefüllter Stille aufkommt.

Besonders verdient machen sich jene peruanischen Panflötencombos, die aus unseren Fußgängerzonen schon längst nicht mehr wegzudenken sind. Sie installieren sich mit Vorliebe und gleich für viele Stunden ortsfest, etwa am Brandenburger Tor in Berlin oder in der Nähe des Kölner Doms. Aus ihren großen Lautsprecherboxen strömt dann jene paramelodische Geräuschfolge, deren weltberühmte Süßlichkeit sogar beim raschen Vorübergehen Schädigungen der Magen-Darmflora, akute Gastritis-Attacken und schwere depressive Verstimmungen hervorrufen kann.

Am Pariser Platz durchdringen die klebrigen Klänge sogar die Mauern und Fenster der französischen Botschaft – die sonst unantastbare diplomatische Immunität ist in diesem Fall nur Schall und Rauch. Auch Eingaben des Botschafters beim Regierenden Bürgermeister änderten nichts daran.

Gerüchte aus amerikanischen Geheimdienstkreisen besagen, dass der musikphysiologische Foltereffekt auch in Guantanamo eingesetzt wurde – neben Heavy Metal und Techno, versteht sich.

Es gibt aber auch jenen poetisch-einsamen Saxofonisten auf der Brücke zur Berliner Museumsinsel, der bei Wind und Wetter seine Free-Jazz-Tonfolgen in die kalte Metropolenluft bläst, die noch benachbarten »Stern«-Redakteuren hinter modernen Büro-Doppelfenstern unter die Haut und in die morschen Schreibtischknochen fahren. Manch gemeißelter Kommentar zur Lage der »Tigerentenkoalition« muss dann eben mit Ohrstöpseln und Lärmschutzkopfhörern geschrieben werden.

Wie zum Kontrast dagegen das unerschütterliche Selbstbewusstsein der Straßenmusikanten, denen es nie in den Sinn kommen würde, ihr Tagewerk könnte andere Reaktionen als reine Begeisterung auslösen. Deshalb verstehen sie auch die Welt nicht mehr, wenn ihnen hier und da ungnädige Rufe oder gar handfeste Missfallenskundgebungen in Gestalt herabfallender, mit Wasser gefüllter Plastiktüten begegnen.

Dann sind sie tief enttäuscht, wütend, traurig und betroffen. Die Künstlerseele ist verletzt.

Doch im Augenblick darauf ist schon der nächste Tourist bereit, sein Scherflein dazu beizutragen, dass die Ballermannisierung unserer Großstädte ungestört weitergehen kann. Erst wenn im November die Zugvögel gen Süden aufbrechen, verlässt auch der Straßenmusikus sein Sommerquartier. Dann wird es plötzlich ganz still in der Stadt.

Wenn, ja wenn nicht der Laubbläser wäre.

Der Laubbläser oder
Wo Mutti sonst nur saugen kann

Eigentlich kann er gar nichts dafür. Persönlich ist er unschuldig. Er muss es eben tun. Er lebt davon. Andererseits:
Das sagen sie alle, und am Ende will es wieder keiner gewesen sein. »Befehlsnotstand« hieß das zu anderen Zeiten. Rädchen im Getriebe. Der Ansaugdruck der Gesellschaft. Doch es bleibt dabei: Der Laubbläser als Mitmensch
ist ein Störer erster Güte. Mag er auch nur ein Anhängsel
seiner Höllenmaschine sein – er trägt sie, er bedient sie
und schleppt sie noch in die letzten Ecken. Wenn im
Herbst das Laub fällt, schlägt seine Stunde. Dann ist niemand vor ihm sicher.

Mit dem Ordnungssinn eines deutschen Hausmeisters
und dem Fanatismus eines islamischen Gotteskriegers erklärt der Laubbläser auch dem letzten Ahornblatt, das sich
in einer Gehwegritze verfangen hat, den Krieg. Vor dem
ungeheuren Druckluftstrahl jenes Geräts, das sich in den
letzten Jahren explosionsartig vermehrt hat, kapitulieren
auch angetrocknete Hundekotreste, Papiertüten, Tempos,
gebrauchte Präservative, zerrissene Reklamebroschüren
und angebissene Brötchen.

In immer größeren Haufen treibt der Laubbläser den Zi-
vilisationsdreck vor sich her. Zuweilen könnte man den
Eindruck gewinnen, es mache ihm sogar Spaß. Nicht zufällig dichtete einst Loriot: »Es saugt und bläst der Hein-
zelmann, wo Mutti sonst nur saugen kann!«

Oft tritt der Laubbläser im Kollektiv auf. Dann bildet er
eine paramilitärische Marschformation, die auf breiter
Front die gesamte Straße durchkämmt. Dabei geht Gründ-
lichkeit vor Schnelligkeit, und so kommt die Säuberungs-
aktion gegen die subversiven Exkremente nur zeitlupen-

haft langsam, Meter für Meter, voran. Umso intensiver das Erlebnis für die Anwohner, die das dröhnende Herannahen der Bläserbrigade zuweilen über Stunden genießen können. Doch der wütend melancholische Hinweis auf frühere Zeiten, in denen noch fleißig Besen und Schaufel geschwungen wurden, zeigt nur die vormoderne Rückständigkeit der verirrten Beschwerdeführer. Denn heute geht es selbstverständlich allein um Effizienz und Kostenbewusstsein, wie schon ein flüchtiger Blick auf den heroischen Kampf des Berliner Senats gegen die Schnee- und Eismassen im Winter 2010 zeigt.

Selbst im kleinen südfranzösischen Städtchen Lorgues reißt am frühen Montagmorgen eine ganze Brigade brüllender Druckluftkämpfer die Menschen aus dem Schlaf. Manche von ihnen haben vielleicht gerade von Jacques Tatis Film »Mon oncle« geträumt, in dem das Kehren der Straße zwischen Platanen, Gemüseladen und Bistro noch ein zwischenmenschliches, beinah romantisches Erlebnis gewesen war.

Temps perdu.

Der Nachbar oder
Das Schicksal lauert im vierten Stock

Ohne Zweifel ist der Nachbar ein Mitmensch im strengen Sinne des Begriffs. Er wohnt über dir und unter dir, neben dir und gegenüber. Eigentlich ist er überall. Du kannst ihm nicht ausweichen. Letztlich ist er sogar ein Mensch wie du und ich. Er steht unten vor der Tür und ruft in den vierten Stock: »Machst du mal aahaauuf?! Hab den Schlüssel vergessen.« »Jaahaaa!« kommt es von oben zurück. »Hast du auch das Klopapier dabeiiii?!«

Er mäht den Rasen, hört Radio Paradiso, telefoniert auf dem Balkon, hat Ehekrach, beglückt seine Frau und brüllt seinen Sohn an. Er weint und lacht, raucht und trinkt, liebt und trauert.

Dennoch kommen immer wieder schwere Zweifel daran auf, ob er wirklich ein Mensch ist im strengen Sinne des christlichen Glaubens, der Nächstenliebe und Barmherzigkeit, kurz ein wahrhaftes Ebenbild Gottes. »Vier Sorten von Nachbarn« hat der Autor Hannes Stein in seiner »Enzyklopädie der Alltagsqualen« (2006) identifiziert: »Kleinliche Spießer, peinliche Barbaren, gefährliche Irre und stille Selbstmörder«.

Natur ist überall schön, sagt Loriot, und das gilt selbstverständlich auch für den Menschen. Doch der Mitmensch als Nachbar ist eben auch dein Feind, dein Fluch und deine Landplage; deine tägliche Nemesis, die dich an den Abgrund deiner Seelen- und Nervenkraft führen kann. Manch bravem Manne raubt er gar den Verstand.

Im ärgsten Falle verspachtelt der Nachbar als aktiver Dauerstörer noch die letzten Ritzen deines verbliebenen Lebensglücks mit dem lähmenden Rigips seiner schrecklichen Allgegenwart.

Apropos Rigips: Die Haus- und Siedlungsbauer der vergangenen hundert Jahre haben offenbar gewollt, dass der Nachbar – zumindest akustisch – rund um die Uhr präsent ist. Wände und Decken sind meist so dünn oder unzureichend gedämmt, dass die Nächstenliebe schon bei der Morgentoilette auf eine schwere Probe gestellt wird. Von intimen Geräuschen über den Wecker bis zum bevorzugten Radiosender ist alles im Angebot – der geplagte Mensch wird zum Mithörer wider Willen.

Dabei ist die subjektive Lärmempfindlichkeit, das kommunizierende Pendant zum individuellen Störpotenzial des Nachbarn, durchaus unterschiedlich. Nimmt der eine die schweren Schritte des Nachbarn von oben als Beweis für die lebendige Vielfalt des Daseins auf Gottes schönem Planeten, so brennt beim anderen schon die gastritische Schleimhaut beim geringsten Knacken der Dielen.

Wummert von unten der neueste Technosound durch die hastig aufgeschüttete Dämmschlacke, freut sich der eine oder andere sogar über das hedonistische Lebenszeichen einer jungen Generation, die eben zu spät kam, um mit den Rolling Stones groß zu werden. Die meisten anderen freilich sind kurz davor, die Polizei zu rufen.

Gewiss spielt hier das Thema der Generationengerechtigkeit eine Rolle. Manch einer unter den Empfindsamen hat früher selbst »Police«, »Extrabreit« und »Dire Straits« so laut gestellt, als müsse die ganze Menschheit am Glück dieses oder jenes genialen Popsongs teilhaben. Diese – meist auch noch linksradikalen – Lärm-Renegaten haben sich also von Tätern zu Opfern gewandelt und müssen vor sich selbst die moralische Frage beantworten, ob heute Unrecht sein kann, was damals – ihnen jedenfalls – Recht war.

Die Hausordnung war allerdings immer schon Makulatur, und gegen die kräftig aufstampfende Ferse des umtriebigen Nachbarn aus dem vierten Stock ist kein Kraut gewachsen. Es reicht auch schon die schwerhörige Seniorin, die allzu gerne den Musikantenstadl und vergleichbare Offenbarungen deutschen Volksbrauchtums genießt, dann aber nicht richtig schlafen kann und bis weit nach Mitternacht mit und ohne Stock übers Parkett tockert, immer schön hin und her, hin und her.

Immerhin ist dieses Geräusch noch vergleichsweise einfach zu dechiffrieren und seine perspektivische Fortsetzung durchaus endlich. Doch oft ist der Nachbar, besonders der von oben, nicht nur ein Fluch, sondern zugleich ein ewiges Rätsel. *Was machen die da eigentlich?!*, fragt sich der gequälte Untermieter in schmerzlicher Neugier. *Räumen die ständig ihre Möbel um? Die müssen sich doch auch mal hinsetzen und ein Buch lesen. Oder fernsehen. Schön was essen. Oder auf dem Sofa liegen und mit der besten Freundin telefonieren. Ein bisschen Liebe machen. Und dann am besten früh schlafen gehen. So hart, wie sie arbeiten.*

Nein, müssen sie nicht. Gar nichts müssen sie. Sie können auch ständig herumlaufen, stundenlang. Sie können Möbel rücken und Teller fallen lassen, Tango üben oder steppen. Sie können Gäste haben. Vorher muss natürlich aufgeräumt werden und gespült und gekocht und aufgetischt. Es kann ihnen auch niemand verbieten, jedes einzelne Wäschestück vom Wäscheständer im Schlafzimmer in den Schrank im Ankleideraum zu bringen. Und zwischendurch fällt ihnen womöglich noch ein, mal schnell ins Bad zu gehen und im Spiegel nachzuschauen, ob der Pickel auf der Nase noch da ist.

Dass das Phänomen relativ wenig mit der Globalisierung oder den 68ern zu tun hat, belegt ein Leidensbericht des Historikers und Publizisten Sebastian Haffner aus den dreißiger Jahren des zwanzigsten Jahrhunderts. Als »ein echtes Gespenst« schildert er den Charaktertypus des »Zimmernachbarn«, dem es obliegt, regelmäßig »Rätsel aufzugeben«: »Wenn man etwa nachts davon erwacht, dass in seinem Zimmer gerollt wird. Ja, es ist ganz deutlich, nebenan ist das Geräusch einer kleinen Wäscherolle oder Druckerpresse zu hören. Man sieht nach der Uhr, es ist halb drei. Eine halbe Stunde geht das, dann hört es auf. Und in der nächsten Nacht wiederholt es sich. Falschmünzerei? Gymnastik? Neuartiger Hosenbügler? Spuk?«

Wie auch immer: Gegen den Nachbarn bist du machtlos.

Du kannst ihm nicht seine Laufwege vorschreiben, auch nicht das möglichst geräuschneutrale Gehen. Stellst du ihm Filzpantoffeln vor die Tür, wird er das als Kriegserklärung auffassen. Selbst wenn er sich nach Kräften bemüht – er bleibt dein Nachbar, dein Störer, dein Schicksal.

Der Kampfradler oder
Hier rast der Übermensch

Er ist der letzte Trapper der Großstädte, Freiwild und Jäger zugleich, Gurka und Combat-Man von eigenen Gnaden, einsamer Wolf und moderner Sportsmann. Sitzt er erst einmal auf seinem Sattel, ist er praktisch nicht mehr zu bremsen. Pfeilschnell zieht er seine Rennmaschine durch die Asphaltschluchten der Stadt, und nichts kann ihn aufhalten. Am allerwenigsten rote Ampeln, die er allenfalls wie Slalomstangen einer anspruchsvoll komponierten Skirennstrecke interpretiert. Auch ein ganzes Gewirr von Straßenbahnschienen, das regelmäßig Sturzopfer fordert, ist für ihn nur eine vernachlässigbare Herausforderung, selbst wenn Regen und Schneematsch das Geläuf glitschiger machen als eine Oberengadiner Curlingbahn. Wo andere Radfahrer vorsichtig und ängstlich verkrampft übers Pflaster holpern, da zischt der bereifte Freischärler ohne Furcht und Tadel übers Gelände. Heransausende Autos sind für ihn kreative Sparringspartner – sportive Gegner im bewegten Survivalcamp des Lebens.

Dabei ist es egal, ob der posturbane Kampfradler mit extrem dünnen Rennreifen unterwegs ist oder mit tundratauglichem Crossbikerprofil, im hautengen Neoprenanzug oder im durchgeschwitzten T-Shirt.

Die wahre Stunde des Kampfradlers ist die Nacht. Dann fliegt er wie ein schwarzes Tarnkappengeschoss durch die Dunkelheit, lichtlos, unsichtbar und nur dem Selbstzweck unterworfen, immer weiterzumüssen, weiter und weiter bis hintern Horizont. Seine Bestimmung ist es, niemals anzuhalten.

Für ihn gelten weder die normalen Maßstäbe der menschlichen Existenz noch die biederen Regeln von

StVO, Verkehrswacht und ADAC. Letztlich ist er ein nietz-
scheanischer Übermensch, der sagt: »Wahrlich, einem
Sturme gleich kommt mein Glück und meine Freiheit!
Aber meine Feinde sollen glauben, der *Böse* rase über ihren Häuptern.«

Das glauben wir gerne und fürchten uns vor dem Zu-
sammenprall.

Der Weltentrückte oder
Fürs Nirwana ist immer noch Zeit

Es gibt eine Sorte Mitmensch, die nur schwer zu charakterisieren ist. Hier geht alles etwas langsamer, und manchmal gibt es sogar beim fußläufigen Überholvorgang auf dem Bürgersteig Probleme, die einem Auffahrunfall auf der Autobahn nicht ganz unähnlich sind. Dabei handelt es sich nicht um ältere oder kranke Menschen, sondern um eine Spezies, die ganz bewusst, zuweilen sogar ziemlich stolz das Recht auf Langsamkeit in Tateinheit mit Weltfremdheit und Weltvergessenheit in Anspruch nimmt. Man trifft sie überall, ob an der Supermarktkasse oder auf dem U-Bahnsteig, auf dem Wochenmarkt oder am Schalter der Deutschen Bahn. Besonders häufig begegnet man den seltsam Weltentrückten auf dem Fahrrad, wenn sie durch die Straßen der Großstadt schlingern.

Der Weltentrückte aus Überzeugung ist ästhetisch wie aerodynamisch der komplette Gegenentwurf zum Kampfradler. Anders als bei jenem besteht sein kreatives Störerpotenzial nicht in waghalsiger, ja wahnwitziger Geschwindigkeit, sondern in der furchtbaren Entdeckung von Langsamkeit und Verzögerung. Er radelt durchs Leben wie er geht und steht: Gemächlich und ziellos, in der Gegenwart und zugleich in einer undefinierbaren Zukunft zu Hause. Sein eigentlicher Aufenthaltsort ist ein profanes Nirwana, eine Mischung aus pseudokubanischer Lässigkeit und der Beschaulichkeit einer oberfränkischen Landkommune. Sein Fahrrad ist das Gegenteil einer Kampfmaschine – eher ein rostiger Rest von etwas, das einmal ein Rad gewesen sein könnte. Selbstverständlich scheppert das Schutzblech, und die Kette quietscht beim Treten wie kleine Ferkel, die an den Futtertrog drängeln. Meist ist der

Sattel viel zu tief eingestellt, sodass sich optisch eine Nähe zum Dreirad ergibt. Die Körperhaltung ähnelt der einer Pythonschlange, die versucht, aufrecht zu sitzen, mit Hut oder Pferdeschwanz. Das Fahrttempo entspricht etwa der Gehgeschwindigkeit von Tante Käthe auf dem Weg zur Post.

Kein Wunder: Der Weltentrückte hat nichts zu verlieren außer seiner Gelassenheit. Mit Karriere, Assessmentcenter und Global Marketing hat er nichts am Hut, und die einzige Hektik, die er kennt, ist der gelegentliche Heißhunger auf einen Döner oder einen Ökoburger bei Mustafa um die Ecke.

Zuweilen allerdings kreuzen sich seine Wege doch mit dieser ganz anderen, fremden, völlig überdrehten Welt. Zum Beispiel dann, wenn er, in diesem Fall rastamäßig bezopft, von der LPG Biomarkt am Berliner Senefelder Platz aus in einer geradezu tranceartigen Nirwananähe die Kollwitzstraße überquert, welt- und selbstvergessen, wie Buddha es lehrte. Leider weiß das der herannahende Autofahrer nicht, und zugegeben, nach zehnstündiger Autobahnfahrt verfügt er auch nicht mehr ganz über jenes ozeanisch fließende Bewusstsein, angesichts dessen kein Ereignis so wichtig sein kann wie ein in sich selbst versunkener Pedaltreter. Bedauerlicherweise hat es das langweilige Realitätsprinzip aber so eingerichtet, dass der glücklich träumende Rastaradler gar nicht mehr am Leben wäre, hätte der gestresste Autofahrer nicht eine blitzartige Vollbremsung hingelegt.

Auf das, zugegeben: furchtbar spießige Hupen, das letztlich nichts anderes sein sollte als ein hörbarer Hinweis auf die gerade erfolgte Lebensrettung, antwortet der überlebende Buddhastrampler mit einer ebenso spöttischen wie souveränen Geste: Noch beim gemächlichen Davonfahren auf dem gegenüberliegenden Bürgersteig winkt er dem sinnlos erzürnten Automobilisten überlegen hinterher.

Soll er sich doch nicht aufregen, der dumme Mensch am Lenkrad. Denn wieder einmal hat die Metaphysik des Glaubens an ein Leben zwischen Geburt, Jogitee und Reinkarnation triumphiert.

Nicht der blöde Bremser hat gesiegt, sondern das gute Karma des Weltentrückten. Selig schwebt er von dannen, ohne zu ahnen, dass ihn knapp 300 Jahre früher womöglich ein anderes, strengeres Schicksal ereilt hätte.

Damals war es, wie Uwe A. Oster in seinem Buch »Preußen« (München 2010) sehr anschaulich schildert, die Eigenart von Friedrich Wilhelm I., dem sogenannten »Soldatenkönig« (1712–1740), ganz persönlich und durchaus handfest das Laster der Trägheit zu bekämpfen: »Für die Untertanen, vor allem im überschaubaren Potsdam, war Friedrich Wilhelm kein ferner Herrscher, den sie nie zu Gesicht bekamen. Oft spazierte er durch die Stadt und wurde fuchsteufelswild, wenn er irgendwo Müßiggang witterte ... Einem Postmeister, der verschlafen hatte und seine Kunden warten ließ, warf der König selbst die Fensterscheiben ein und verprügelte ihn, als er endlich auftauchte, mit seinem gefürchteten Stock.«

Bummbummbumm – hier kommt der Lieferant
oder Leise ist nur der Tod

Gewiss, er hat es nicht leicht, der Lieferant. Egal, ob er für Computersoftware unterwegs ist oder für Limonade, den schnellsten Paketservice der Welt steuert oder Laminat ausliefert.

Er hetzt von einer Adresse zur anderen und parkt vorzugsweise in der zweiten Reihe. Oft lässt er den Motor laufen, auch wenn Minuten bis zu seiner Rückkehr vergehen. Entscheidend aber ist: Es muss wummern, dass die Vögel von den Bäumen fallen. Denn das besondere Kennzeichen des Lieferanten ist der Soundtrack seines erbarmungslosen Arbeitstages, die Erkennungshymne seiner rastlosen Tätigkeit: Das Tatütata des Technozeitalters. Hier kommt nicht mehr der fröhliche Eiermann – Klingelingeling – des Wegs, der stets ein Lied auf den Lippen hatte, sondern der voll motorisierte Dezibel-Macho, der DJ Fire & Death und die »Böhsen Onkelz« gleich mit frei Haus liefert.

Die Bässe aus den Power-Quattro-Boxen können gar nicht laut genug, das Hämmern der Beats gar nicht schnell genug sein. Selbst bei geschlossenen Autofenstern sind sie in der ganzen Straße zu hören, bringen auch halb vertrocknete Balkonpflanzen zum Vibrieren und durchschlagen selbst noch harmlose Doppelfenster in sanierten Altbauten.

Manch unwissender Mensch am heimischen Schreibtisch schreckt auf und glaubt womöglich, die Straße werde wieder einmal aufgerissen, um nach dem Zustand der Ferngasleitung zu schauen. Im Herbst könnte man gar ein heranrückendes Kommando kommunaler Laubbläser für die Ursache des akustischen Bebens halten, das ganze Straßenzüge in den ohrenbetäubenden Belagerungszustand eines mittelgroßen Flughafens verwandelt. Aber nein, hier handelt es sich allein um das trotzige Lebenszeichen eines hart arbeitenden Einzeltäters, der seinem eigenen Trommelfell keinerlei Schonung gewährt, um ein unüberhörbares Zeichen zu setzen: das Fanal seiner Existenz in einer gleichgültigen Gesellschaft, die durch ihre allgegenwärtige, »repressive« (Herbert Marcuse) Toleranz lauer Beliebigkeit und Austauschbarkeit Tür und Tor geöffnet hat. In gewissem Sinne ist das Wummern, Bumpern und Hämmern, das ab Montagmorgen in den Straßen der Großstädte detoniert, ein Aufstand der domestizierten und gedemütigten Kreatur, ein Protest gegen die »Monotonisierung der Welt« (Stefan Zweig).

Dass diese Lärmrevolte ihrerseits monoton bis zur Stumpfsinnigkeit ist, kann dem Lieferanten egal sein. Rache ist süß. Wenn er schon tagtäglich Laminat ausfahren muss, soll es wenigstens anständig krachen.

Der Feng-Shui-Fußgänger oder
Das Karma ist alles

Quietschende Reifen, Vollbremsung, laute Stimmen. »Das ist eine Straße hier!«, brüllt der Fahrer des Kleintransporters einer Mutter hinterher, die mit ihrem fünfjährigen Töchterlein auf dem Bürgersteig steht. Über diesen verzweifelten Aufschrei der gequälten Kreatur, im Kern ein lautstark vorgebrachter sachdienlicher Hinweis, ist die Dame ihrerseits im höchsten Maße empört. »Sie können ja mal Rücksicht auf das Kind nehmen und anhalten!«, gibt sie Paroli und stellt damit die Dinge genial auf den Kopf.

Denn selbstverständlich *hat* der Fahrer angehalten, sonst wären Mutter und Kind schon auf dem Weg ins Leichenschauhaus.

Ein älterer Herr, Augenzeuge der Szene am Berliner Kollwitzplatz, erregt sich seinerseits über das raffinierte Ablenkungsmanöver und schimpft über die Mutter, die offensichtlich gar nicht geschaut hat, ob die Straße frei war, bevor sie sie überquerte. Doch die erzieherische Intervention läuft ins Leere, während sich Mutter und Kind, im persönlichen Rechtsempfinden zutiefst beleidigt, krakeelend vom Tatort entfernen.

Immer schon liefen Menschen unachtsam über die Straße. Neu ist, dass daraus jetzt – im Wege einer gewohnheitsmäßigen Inanspruchnahme – eine Art positives Landrecht wird, das Fußgängern ganz selbstverständlich gestattet, über die Straße laufen zu dürfen, wann immer, wo und wie lange sie wollen. Das Risiko trägt der Rest der Welt: Autofahrer, Versicherungen, Ärzte, Totengräber und die Regierung. Wer sonst.

Fast achtzig Jahre ist es her, dass Sebastian Haffner jene Fußgänger als »die wahren Helden der Verkehrsschlacht« feierte, in denen »noch einmal der listige, unverschämte und mutige Geist des schmächtigen, wehrlosen einzelnen Menschen über die brutal gehäufte Übermacht der Materie« einen letzten Triumph zu erringen schien.

Heute ist die Verkehrsschlacht, jedenfalls in den meisten Städten, längst flächendeckend beruhigt, und so hat sich das Gefahrenbewusstsein umgekehrt: Sicher fühlt sich nun der Fußgänger, während der Automobilist an jeder zweiten Ecke fürchten muss, zum unfreiwilligen Totschläger zu werden.

Der moderne Fußgänger freilich will davon gar nichts wissen. Er vertraut auf sein Gehör, auf das akustische Feng-Shui seiner intrinsischen Weltwahrnehmung. Vernimmt er kein bedrohlich nahendes Dröhnen eines Vierzigtonners oder wenigstens ein durchdringendes Nebelhorn, allenfalls die Mark und Bein erschütternden Sirenen der Feuerwehr, dann geht er logisch stringent davon aus, dass keinerlei Gefahr droht. Andere Sinneseindrücke und intelligible Eigenschaften wie Sehen und Denken wären nur redundante Zeitverschwendung.

Gilt diese tendenziell esoterische Welt- und Rechtsauffassung im Straßenverkehr schon für erwachsene Einzelpersonen – Herbert Grönemeyers Forderung »Kinder an die Macht!« hat sich damit erfüllt –, so fühlen sich erst recht ganze Menschengruppen befugt, ihr subjektives So- und Wohlsein zur Grundlage einer ganz eigenen, empirisch fundierten Rechtssetzung zu machen. In Berlin-Mitte etwa erobern sie, Bierflasche und angebissenen Burger in der Hand, in lauen Sommernächten ganze Straßenzüge. Selbst routinierten Radfahrern mit ausreichenden Englischkenntnissen fällt es zuweilen schwer, einen mehrsprachig verständlichen Hinweis auf die eigentliche Hauptfunktion der Straße anzubringen, um den Weg gefahrlos fortsetzen zu können.

Nicht selten ernten die radelnden Spätaufklärer bloß ein multikulturell enttäuschendes »Fuck off, God damn Nazi!«

Diese Verwirrung von Sinn und Verstand ist kein Wunder, denn die faktische Umkehrung der Verhältnisse zieht eine moralische nach sich: Wer darauf beharrt, dass eine Straße im Prinzip eine Straße sei und kein Bürgersteig, weder Asphaltstrand noch Flaniermeile, der setzt sich ins gefühlte Unrecht, ist ein Spießer und Blockwart, Spaßbremse und Kinderfeind, rücksichtsloser Raser und Law-and-Order-Nazi. Pech für ihn.

Der neuzeitliche Fußgänger aber, der auf Gott und sein inneres Feng-Shui vertraut, geht unbeirrbar weiter seinen Weg. Aufhalten könnte ihn allenfalls der kinderfeindliche Fahrer eines extrem leisen Vierzigtonners, der schlecht sieht und gerade »Highway to Hell« in voller Lautstärke in den Ohrstöpseln seines iPhones hört.

Das wäre dann Pech für den Fußgänger.

Der quasselnde Autist oder
Ohne meine Stöpsel sag ich nichts

Wie bei vielen anderen Veränderungen des Alltags bemerkt man zunächst noch gar nichts. Erst allmählich steigen beiläufige Beobachtungen von der vorbewussten Wahrnehmung an die Oberfläche des Bewusstseins. Es begann vor ein paar Jahren, als immer mehr Menschen beim Gehen auf dem Bürgersteig mit sich selber sprachen. Nicht, dass man dergleichen nicht selbst schon praktiziert hätte, und mit wachsendem Alter scheint das Selbstgespräch sowieso immer beliebter zu werden. Frei nach Woody Allen: Das Selbstgespräch ist ein Gedankenaustausch mit jemandem, den ich mag.

Immerhin versuchten die meisten Monologisierer, ihre Lippen zu schließen, wenn der Blick eines Passanten sie traf. Ein wenig peinlich war es dann doch.

Die neueste Generation der Experten für den Ein-Mann-Dialog aber denkt gar nicht daran, dass irgendetwas an ihnen peinlich sein könnte. Im Gegenteil. Lautstark und völlig unbekümmert schicken sie ihre Wörter und Satzfetzen an die frische Luft, während sie im Strom der Menschen weiterschwimmen, als sei es das Natürlichste der Welt, die Menschheit mit Äußerungen zu beglücken, die kein erkennbares Gegenüber haben.

Eine ganz neue Sorte von Autisten scheint hier auf den Plan zu treten, selbstbewusst, gut angezogen, gerne auch in Pferdelederschuhen.

Doch wer genau hinschaut, entdeckt einen kleinen weißen Faden am Oberkörper, manchmal auch nur einen Knipser am Ohr. Jetzt ist alles klar: Sie sind »cablé«, wie der Franzose sagt, »on«, *fully connected*, verbunden mit der Welt. Sie sind die Masters of the Universe, die Weltenlenker am unsichtbaren Draht. Sie reden ins Nichts, wissen aber alles. Zum Telefonieren mit der Hand am Handy, der Mutter aller Störerplagen, sind sie zu faul oder zu ängstlich (gefährliche Strahlung!), vor allem aber: Viel zu beschäftigt.

Ihre Kommunikation, ob beruflich oder privat, ist derart pausenlos und flächendeckend, äußerst dringlich und unaufschiebbar, ja regelrecht kriegsentscheidend, dass sie in jeder nur denkbaren Haltung und bei jeder nur denkbaren Tätigkeit in der Lage sein müssen, ihre soeben gefassten Beschlüsse dem Herrn Dr. Müller-Lüdenscheid von Buffinger & Bergsdorf oder wenigstens der eigenen Sekretärin unverzüglich mitteilen zu können.

Die altmodische Reihenfolge – Denken, Niederschreiben, Abschicken, Anrufen – hat längst schon ausgedient. Heute geht es um den virtuell vernetzten Prozess globaler Kommunikation in Echtzeit, und so darf auch beim Überqueren der Straße, am Eingang eines Kaufhauses, im Zug, am Restauranttisch, auf der Toilette oder in der Sauna keine Zeit verloren werden. Das Büro, früher *der* repräsentative Ort distinktionsbewusster Führungspersönlichkeiten, hat sich in die profane Öffentlichkeit verlagert. Verbrachten einst nur durchgeistigte Literaten wie Jean-Paul Sartre ihre kreativsten Arbeitsstunden im Café (wobei sie sich meist recht still verhielten), so scheint sich heute der arbeitsintensivste Teil des weltweiten Managements in den ICE-Großraumwagen, Airport-Lounges, auf palmenumstandenen Terrassen und überhaupt überall dort abzuspielen, wo der Latte Macchiato fließt wie einst Milch und Honig im Paradies.

Das Schönste daran: Die Öffentlichkeit darf an all dem Weltengeschiebe ganz unmittelbar, gleichsam authentisch und *live* teilhaben.

Wenn Sie, liebe Leser, einmal in die Details der modernen Kohleverstromung, ins weite Feld der drängenden Absatzprobleme für Damenhandcremes oder die Untiefen der industriell gefertigten Babynahrung eintauchen wollen, fahren Sie einfach mal im ICE von Hamburg nach Berlin und zurück. Irgendwo wird ganz sicher ein Herr in Hörweite sitzen, der sich auf höchstem Niveau und äußerst vernehmlich über diese und andere Fachgebiete artikuliert. Selbstverständlich hält er immer wieder mit der Konzernzentrale regen Austausch: »Sagen Sie dem Kollegen Klöbner, dass die PX 3200 morgen von der Rampe muss!«

Sonst droht die Konventionalstrafe, ergänzen Sie murmelnd.

Man denkt ja mit.

Wie gebannt also werden Sie lauschen und ihren zerfledderten Liebesroman freiwillig beiseitelegen. Schlafen oder dösen, ruhig aus dem Fenster in die Landschaft schauen oder einfach vor sich hin träumen können Sie zwar auch nicht – aber dafür kann Ihnen niemand mehr das wohlige Gefühl nehmen, dass die Welt zu jeder Tages- und Nachtzeit in den tatkräftigen Händen einer unermüdlich arbeitenden Führungselite ist.

Sagen Sie selbst: Wo findet man derartige Geborgenheit heute noch?

Die Gruppe als moderne Urhorde oder
Nur in der Masse lebt sich's völlig ungeniert

Schon allein und ganz auf sich gestellt verursacht der Mensch als Mitmensch zuweilen eine arge Pein. Tritt er aber im Kollektiv, in ganzen Gruppen, auf, so steigert sich die Zumutung zur existenziellen Prüfung, Hiob zu Gedenken.

Am bekanntesten – zugleich am meisten gefürchtet – ist die Reisegruppe. Selbst wenn jedes einzelne Mitglied dieser organisierten touristischen Zusammenrottung ein halbwegs erträgliches Exemplar der menschlichen Gattung sein sollte – multipliziert mit dem Faktor dreißig, vierzig oder mehr verwandeln sich die einzelnen Glieder des hochmobilen Monstrums in ein lautstark fauchendes, vielfüßiges, weltverschlingendes und allenfalls mit Luftschlägen oder einem gigantischen Dessertbuffet vorübergehend zu bändigendes Ungeheuer.

Weil es weltweit auftritt, helfen hier auch keine nationalen Maßnahmen. Ob Schwaben in Tibet, Holländer in Südfrankreich oder Japaner in der Schweiz: Ist die Reisegruppe erst einmal auf Touren, dann gibt es kein Halten mehr.

Wer auch nur einmal erlebt hat, wie eine japanische Busgesellschaft ein Vier-Sterne-Hotel im Schweizerischen Grindelwald in Beschlag nimmt, der ahnt, wie die Westgoten unter Alarich I. 410 nach Christi Geburt Rom eroberten. Dumpfe Schläge im ganzen Haus ließen die Vermutung nicht ganz abwegig erscheinen, die Japaner würden erst einmal Holzwände und Schränke entfernen, um nach verborgenen Gefahrenquellen zu fahnden. Ohne Eiger, Mönch und Jungfrau auch nur eines Blickes zu würdigen, räumten sie allem Anschein nach – Feng-Shui, Karma, Toyota? – das Mobiliar um, soweit es nicht schon durch die vorherigen Umbaumaßnahmen Schaden genommen hatte.

Wer sich an der Rezeption beschwerte, erhielt eine einzige Antwort, die Information, Trost und abendländische Metaphysik auf denkbar knappste Weise zusammenfasste: »Morgen früh um sechs sind sie wieder weg.«

Bis dahin aber herrschte ein unerklärter asymmetrischer Kriegszustand, bei dem sich die Mittel der Verteidigung (Ohropax, doppelte Kissen über dem Kopf) als ungefähr so effektiv erwiesen wie eine Mistgabel gegen Cruise Missiles.

Welten und Jahrhunderte entfernt scheint da ein weiterer Rat aus dem Jahre 1955 im »Einmaleins des guten Tons«, in dem es klipp und klar heißt: »Der wohlerzogene Reisende wird sich im Hotel oder in einer Pension immer so benehmen, wie er sich zu Hause seine Gäste wünscht: rücksichtsvoll, höflich und taktvoll. Das bedeutet auch, dass man mit den Einrichtungsgegenständen seines Zimmers schonend umgeht, keine Löcher in Bett- oder Tischwäsche brennt oder Brot auf dem Tischtuch schneidet, darauf achtet, dass man mit schwerem Gepäck nicht etwa den Fußboden zerkratzt, die Möbel beschädigt.« Ein besonderer Hinweis gilt dem männlichen Geschlecht: »Wer die Schuhe am Fenstervorhang abwischt, um das Trinkgeld für das Schuhputzen zu sparen, zeigt nur, dass er kein feiner Mann ist.«

Hier aber zeigt sich in aller Schärfe ein Kardinalproblem unserer Epoche: Wer will heute noch ein feiner Mann sein?

Auch im ganz normalen Metropolenalltag hat die Wahl der Waffen das innere Bedürfnis, ein feiner Mann zu sein, längst abgelöst – ein Umstand, der zum steten Quell innerweltlicher Ungerechtigkeit geworden ist. Was etwa tut man gegen eine vielköpfige Touristenschar, die den Bürgersteig versperrt und selbst noch die Überholspur blockiert? Soll man vielleicht, frei nach Loriot, ausrufen:

»Mein Name ist Loose, ich muss hier durch!« Allerdings ist es ja das Kennzeichen der Gruppe, dass sie gerade kein Adressat vernunftgeleiteter Bitten und Botschaften ist. Wer zum Beispiel versuchen wollte, eine Kompanie Bundeswehrsoldaten auf der Heimreise ins Wochenende darauf hinzuweisen, dass sie sich doch auch still und mit innerer Vorfreude auf die freien Tage zu Hause einstimmen könnten statt laut grölend und biertrinkend durch die Abteile zu ziehen, der wird eher wenig Erfolg haben.

Das wird sogar dann der Fall sein, wenn er die pazifistischen Ratschläge von Ex-Bischöfin Margot Käßmann in Sachen Afghanistan beherzigen sollte und zum Niederringen der talibanähnlich randalierenden deutschen Rekruten glaubenssicher und geistesstark auf »mehr Fantasie« setzt, zum Beispiel die Schädlichkeit übertriebenen Alkoholkonsums thematisiert, an das schöne Ideal des »Bürgers in Uniform« erinnert und ein Rilke-Gedicht (»Hinter tausend Stäben«) rezitiert.

Doch so verführerisch der einst von Jürgen Habermas formulierte Gedanke des »herrschaftsfreien Diskurses« ist, so rasch stößt er beim Zusammentreffen mit größeren Menschenansammlungen an seine friedensstiftende Grenze. In der Massierung neigt selbst das durchaus aufgeklärte, vernunftbegabte Individuum zur intellektuellen wie moralischen Entropie, kurz: zur spontanen Auflösung all dessen, was in jahrzehntelanger Selbstzucht an Geist, Charakter und Herzensbildung herangewachsen sein mag.

So geschah es auch, dass am Nachmittag des Neujahrstages 2010 eine rüstige Seniorengruppe in die Chesa Marchetta einfiel, eine jahrhundertealte, wundervoll holzgetäfelte Wirtsstube in Sils Maria, dem 1800 Meter hoch gelegenen Ort, an dem Friedrich Nietzsche große Teile seines »Zarathustra« niederschrieb.

Fein ausstaffiert, wohlgenährt und braun gebrannt waren die offenkundig deutschstämmigen Mittsechziger ohne Zweifel – doch das knappe Dutzend Wohlstandspensionäre requirierte einen der vier Tische in der kleinen Engadiner Stube derart handstreichartig und mit geradezu militärischer Kommandolautstärke – »Hier sind noch Stühle!!« –, dass sich die wenigen anderen Gäste genötigt sahen, ihre heiße Schokolade fluchtartig auszutrinken. Währenddessen orderten die sieggewohnten Herrschaften aus Germanien gleich mehrere Flaschen teuren Weines und lieferten den Urschweizer Gastgeberinnen damit den einzigen Grund, die Okkupation durch die deutsche Luxusrentner-Schwadron nicht umgehend zu beenden, und sei es mithilfe einer Armbrust. Das nennt man die unerbittliche Ökonomie des Umsatzes.

Der Partybesserwisser oder
Der Feten-Scholl-Latour

Bei gesellschaftlichen Anlässen, Empfängen, Geburtstags-
feiern, Hochzeiten, Vernissagen, Release-Events und anderen Partys jeder Art gibt es neben quälender Langeweile
und ungenießbarem Prosecco nur ein Phänomen, das
noch die schönste Laune in den Abgrund bitterer Ver-
zweiflung und Ausweglosigkeit treiben kann: Es ist der
Partybesserwisser, der schwadronierende Durchblicker
und Alleswisser, der Prophet am Dessertbuffet, Krisenma-
nager und Zukunftsforscher in einem, der Experte aller
Experten, gegen den sich das Orakel von Delphi wie ein
unwissendes oberhessisches Kleinkind mit Migrations-
hintergrund ausnimmt.

Kurz: Er ist der Feten-Scholl-Latour. Ein Gelehrter als
Hans Dampf in allen Gassen. Er war schon in Ländern,
deren Namen die anderen Partygäste nicht einmal kor-
rekt aussprechen können. Er hat mit bärtigen Jemeniten
Kat gekaut und mit tunesischen Nomaden im Wüstenzelt
gelegen. Auf dem Feld der fortgeschrittenen Teilchen-
Physik ist er so bewandert wie in den ideologischen
Machtkämpfen der isländischen Sozialdemokratie. Er hat
schon vor Jahren vor dem Big Bang der großen Weltfinanzkrise gewarnt, wedelt aber nach wie vor, trotz seines fortgeschrittenen Alters, fröhlich durch den Tief-
schnee der Schweizer Hochalpen. Er kennt die Nöte des
einfachen Vietnamesen, der seine tägliche Schüssel Reis
hütet wie einen Schatz, und die Ängste russischer Milli-
ardäre vor dem plötzlichen Vermögensverlust. Wenn er
Steve Jobs wäre, würde er alles anders machen, und Bill
Gates ist für ihn nichts als ein Warmduscher, der jetzt
nur noch auf »Charity« macht.

Der Partybesserwisser tritt in vielen Gestalten auf. Es gibt die George-Clooney-Claus-Kleber-Version, aber auch die Pferdeschwanz-Variante des Computer-Nerds und Internet-Freaks, der die Terroranschläge vom 11. September 2001 für eine Gemeinschaftsaktion von CIA und Mossad hält und dafür natürlich unwiderlegliche Beweise »aus dem Netz« parat hat. Die »bürgerliche Presse« ist selbstverständlich »komplett gleichgeschaltet« und »recherchiert sowieso nicht mehr«. Globalisierung und Kapitalismus sind für ihn *die* Menschheitsverbrechen der Gegenwart, aber er ist stets der Erste, der ihre neuesten technischen Errungenschaften in seinem Arbeitszimmer installiert.

Sind die Zuhörer schon gegen die Ausführungen des George-Clooney-Typs weitgehend machtlos (denn wer hätte schon einem Arbeitsfrühstück mit dem berüchtigten »Folter-Prinzen« der Vereinigten Arabischen Emirate etwas auch nur annähernd Gleichrangiges entgegenzusetzen), so versagt das Prinzip der Kommunikation »auf Augenhöhe« völlig, wenn man versuchen wollte, dem Pferdeschwanz-Weltweisen an irgendeinem Punkt seiner geschlossenen Beweisführung zu widersprechen. Jeder Hinweis auf Tatsachen ist für ihn nur eine weitere Bestätigung seiner These, wie sehr die weltweite Herrschaft des Kapitals schon die Hirne der Menschen vernebelt hat. Vermeintliche »Fakten« sind für ihn nur Reflexe der großen Lüge, deren teuflischen Zusammenhang natürlich nur er durchschaut. Ständig präsentiert er neue sensationelle Informationen aus den Untiefen des »Webs«, die zeigen, dass alles ganz anders ist, als der normale, vom »Mainstream der Massenmedien« in die Irre geführte Partymensch glauben mag.

Wer irgendwann versuchen wollte, sich mit seinem Glas abgestandenen Proseccos davonzustehlen – »Ich muss mir rasch noch was von der Gemüselasagne holen« –, unterschätzt Ausdauer und Zähigkeit des professionellen Partybesserwissers.

Der ahnt natürlich, dass der ans Buffet fliehende Partygast den islamischen Terror immer noch für eine Gefahr hält, auch wenn er das nicht mehr zu sagen wagt, und wechselt im Handumdrehen das Fach.

Jetzt geht es um den neuen Kaurismäki-Film und das aufsehenerregende Romandebüt einer Fünfzehnjährigen, die mit der kaputten Welt ihrer 68er-Eltern – Drogen, Sex und Alkohol – gnadenlos abrechnet. »Lotolaxl Killroy« heißt das Werk, das die Kritiker einhellig als »unerhörtes Erstlingswerk« loben, dessen »brutal genaue« Sprache den »dunklen Seiten unserer Gesellschaft« geradezu »schmerzhaft abgerungen«, ja »abgelauscht« scheint und der »saturierten Mittelschicht« den »hoch verdienten Zerrspiegel« vorhält.

Natürlich hat der Partybesserwisser sowohl das Buch als auch alle Kritiken und Blogs gelesen, und bevor jemand anderes auch nur eine Frage stellen kann – »Wie heißt das Buch noch mal, Laxellolita?« –, ist er schon bei der SPD, dem »Diäten-Wahn«, dem Niedergang der deutschen Kinokultur (»Wo ist der deutsche Michael Moore?!«), Til Schweiger, der Gesundheitsreform, dem Verschwinden des Buches und der Zukunft des Autos.

Spätestens bei der »Überfischung der Weltmeere« sollten Sie darauf bestehen, ihre Gemüselasagne zu holen. Es gibt keine andere Chance, den Partybesserwisser los zu werden.

Besser noch: So können Sie unauffällig die ganze Party verlassen.

Der Stinker oder
Achtung Hintermann!

Boah, puuh, hola. Du stehst an der Supermarktkasse in dieser typischen Mischung aus Ungeduld und geistiger Abwesenheit, und plötzlich weht dich von hinten eine Duftnote an, deren genaue biochemische Zusammensetzung noch niemand wissenschaftlich erforscht hat. Nur eines steht fest: In dieser unangekündigten Geruchsattacke, auf die kein Mensch wirklich vorbereitet ist, spielen Alkohol, Zigarettenrauch und ein zumindest mehrtägiger Verzicht auf jede Art von Hygiene eine entscheidende Rolle.

Schon ein kurzer, prüfender Blick zurück zeigt unwiderleglich, dass der Hintermann noch nie im »Einmaleins des guten Tons« geblättert und schon gar nicht Seite 46 gelesen hat, wo es unzweideutig heißt: »Nicht jeder Mensch hat die Möglichkeit, täglich zu baden. Aber jeder Mensch kann sich täglich von Kopf bis Fuß waschen.«

Ausreden wie Arbeitsstress und Zeitmangel gelten nicht: »Morgens 10 Minuten früher aus den Federn heraus oder abends später hinein, und schon ist der Fall erledigt.«

Selbst das Haar, das unser Hintermann in sehr gelöster und eigenwillig-fantasievoller Gestalt trägt, könnte im Nu die klassische Form wiederfinden: »Hundert Bürstenstriche morgens und abends, wie lange dauert das schon und wie lohnt das Haar diese Pflege durch Glanz und guten Sitz!«

Aber wer sagt es dem Manne?

Binnen Sekunden hat sich die vagabundierende Körperdunstwolke im Umkreis von einigen Metern ausgebreitet, und selbst unerschrockenen Zeitgenossen würde schon der Atem fehlen, um einen aufs Elementare zusammengedrängten Kurzvortrag zur Körperpflege zu halten. Aber wäre das nicht sowieso schon wieder eine Grenzüberschreitung, die unzulässige Verletzung von Privat- und Intimsphäre, ja, der unantastbaren Würde eines jeden Menschen, wie sie in Artikel 1 Grundgesetz garantiert ist? Muss man also den Stinker hinter sich an der Supermarktkasse, neben sich in der U-Bahn und vor sich in der Warteschlange im Jobcenter großzügig tolerieren und hilfsweise versuchen, an blühende provencalische Lavendelfelder zu denken?

Oder ist nicht gerade der Stinkstiefel der wahre Grenzverletzer, der uns mit seinen pestilenzartigen Emissionen mehr über seine Intimsphäre verrät, als wir jemals wissen wollen? Zwingt er uns damit nicht geradezu gewalttätig in eine Geruchsgemeinschaft, ins Knoblauch- und Kneipenkollektiv seiner körperlichen und textilen Ausdünstungen? Denn auch speckige Lederjacken, in denen sich der Qualm von Jahrzehnten angesammelt hat, tragen Verantwortung für ihre Umwelt. Kurz: Verletzt er mit all dem nicht unsere Intimsphäre?

Und gilt das nicht in noch höherem Maße für all jene, die mit einem dampfenden Döner in die S-Bahn einsteigen, aus dem im Sekundentakt die Zwiebelringe auf den Boden fallen?

Eine fast ausweglose Situation, aus der nur eines heraushilft: ein sofortiger Ortswechsel.

Der Straßenbiertrinker oder
Nicht ohne meine Flasche

Nein, es geht nicht um den Alki von nebenan, den bedauernswerten Menschen, dessen letzter und einziger Trost Bier und Schnaps sind, die täglichen Betäubungsmittel seines wenig erfreulichen Daseins, kurz: um den klassischen Alkoholiker. Es geht um jene schicken jungen Menschen, die teils schon mittags, überwiegend aber am frühen Abend und erst recht nachts durch die Straßen ziehen und ihre Bierflasche in der rechten Hand halten wie ein cooles Accessoire. So schlendern sie durch das Dickicht der Städte und nehmen ab und an einen Schluck aus der schlanken Marken-Pulle, die erstaunlicherweise stets halb leer ist. Es muss also, geostrategisch gut verteilt, überall Krombacher-, Jever-, Flens- und Köpi-Tankstellen geben, an denen sich die *Jeunesse Ivresse*, die Party-Generation der Bessertrinkenden, immer wieder mit frischem Bölkstoff versorgen kann.

Von Ferne erinnert das legere Mitschleppen des abgefüllten Gerstensafts an glutheiße Sommer in New York, wo viele, vor allem jüngere, sportliche Bürger, ihre Plastikwasserflasche in der Hand tragen, als liefen sie andernfalls Gefahr, mitten in Manhattan zu verdursten. *Life is adventure*, wollen sie uns mitteilen, gefährlich und aufregend zugleich. Und es macht durstig. Bei besonders gut gebauten und eher spärlich bekleideten WasserflaschenträgerInnen fühlt man sich an die Campari-Werbung erinnert: Das Leben als mobil-erotischer Dauerspaß rund ums flüssige Produkt. Und alles *outdoor*, immer schön draußen. Viele sehen dabei aus, als kämen sie gerade vom Hochsprungtraining in der Bronx oder bereiteten sich schon auf den nächsten New York Marathon über die Brooklyn Bridge vor.

Der deutsche Straßenbiertrinker lässt es etwas ruhiger angehen. Seine sportliche Betätigung heißt »Vorglühen«, die alkoholgestützte mentale Vorbereitung auf das abendliche Ausgehen. Man bringt sich in Stimmung, und das in aller Öffentlichkeit. Andere mögen sich zu Hause vor der Glotze zudröhnen – der Straßenbiertrinker jedoch zeigt, dass er nichts zu verbergen hat und sich in allerbester Gesellschaft befindet. Natürlich ist er kein *Alki* oder *Asi,* kein Eckensteher oder Torkelbruder. Geradezu aufdringlich demonstriert er, wie souverän er mit der populären Spaßdroge umgehen kann. Denn Spaß ist ihm alles. *Ihr* übrigens auch.

Die Bierflasche ist der perlende Mitgliedsausweis der *happy crowd,* das Erkennungszeichen all derer also, die zu leben verstehen und wissen, wo es langgeht. Im Zweifel immer geradeaus, *on the way to the next Whiskey-Bar,* meist also zum nächsten Szeneclub in town.

Daneben garantiert das wohlgeformte Produkt auch ein Überlegenheitsgefühl gegenüber all den Spießern, die ihr Pils nach Feierabend in der speckigen Eckkneipe trinken oder es zu Hause mühsam aus dem Bierkasten im Keller fingern.

Am Ende aber geht das gläserne Emblem des Straßenbiertrinkers den Weg alles Irdischen: Es zerschellt an einer Bordsteinkante. Die fliegende Bierflasche wird zum »inneren Erlebnis« (Ernst Jünger). Ein letztes existenzialistisches Fanal der Freiheit, die Geste einer elementaren Großzügigkeit, die mit kleinlichen Dingen wie Pfandrückgabe, Kehrbesen, Schaufel und Getrenntmüllsammlung absolut nichts am Hut hat.

Während der nachfolgende Radfahrer über die gläsernen Scherben der souveränen Augenblicksentscheidung schreddert, schwebt ihr vormaliger Besitzer schon längst einem höheren Aggregatzustand der Lebenslust entgegen.

Der Deutsche im Ausland oder
Achtung: Hier spricht der Bademeister!

Er ist der große Klassiker unter den Störern. Jeder kennt ihn, jeder hat schon einmal neben ihm gestanden, vor ihm oder hinter ihm. Im Flugzeug, auf der Fähre, an der Hotelrezeption, auf der Düne beim Sonnenuntergang. Ganze Bücher wurden über ihn geschrieben, Filme gedreht, Kabarettprogramme verfasst und ungezählte Witze verbreitet. Überlebensgroß prangt seine Ikone am Störerfirmament.

Er ist der Louis de Funès unter den Mitmenschen. Längst ist er zum wohlfeilen, klischeebeladenen Zerrbild mutiert, eine populäre Projektionsfläche für Überlegenheitsgefühle und Selbsthass aus allen Ecken der Welt.

Beinah möchte man ihn gegen die billigen Ressentiments in Schutz nehmen, die nicht zuletzt ideologischen Zwecken der Selbstentlastung dienen. Denn der Deutsche im Ausland ist immer der *Andere*, der bierbäuchige Mann am Nebentisch, der in kurzen Hosen und Sandalen (ja, mit weißen Socken!) im französischen Restaurant sitzt und die Speisekarte nicht versteht, weshalb er erst mal »ein Weißbier, aber schön kalt!« bestellt.

Die Regung zur schüchternen Verteidigung beruht auch auf der empirisch gewonnenen Erkenntnis, dass der Deutsche im Ausland immer weniger dem lieb gewonnenen Bild vom Typ rechtsgescheitelter Hausmeister und Nazi-Blockwart entspricht, der auch beim Camping seinen Mini-Jägerzaun zur Arrondierung des Urlaubsgefechtsstands im Planquadrat installiert und einst seinen Opel Admiral pflegte wie früher den olivgrünen Kübelwagen der ostwärts vorrückenden Wehrmacht. Heute ist der Deutsche im Ausland viel häufiger der umweltbewusste

Müsli-Schwabe, der sich über die mangelhafte Getrenntmüllsammlung im welschen Nachbarland mokiert und
seinen Großvorrat Bio-Dinkelbrot samt Bio-Quittenmar-
melade bis ans Ende der Zivilisation nach Südspanien
transportiert. Das ist nur konsequent, denn das mediterrane Weißbrot bekommt der schwäbischen Verdauung
nicht, und Dinkelbrot hält im Notfall wochenlang.

Soziologen würden hier von einem »Paradigmenwech-
sel« sprechen: Weg vom reaktionären Lederhosen-Deut-
schen mit Vorliebe für Blutwurst und Sauerkraut, der
seine Landkarte auf dem Autokühler immer noch ausbreitet wie einst General Guderian den Truppenaufmarsch-
plan auf dem großen Kartentisch beim Vortrag im Führer-
hauptquartier – hin zum klimaneutral denkenden
Bewusstseinsapostel, der nur noch das Gute, Wahre und
Schöne in die Welt tragen will und für Solarenergie
schwärmt wie für die Bücher von Paulo Coelho.

Gleichwohl: Es gibt ihn so oder so und in vielerlei Varianten, den Deutschen im Ausland. Und nur wenige Exem-
plare beherzigen die zehn goldenen Regeln des Generalse-
kretariats der »Europa-Union« aus den fünfziger Jahren,
in denen es etwa hieß: »Verheimliche nicht, dass du von
deutschen Eltern stammst, aber sorge dafür, dass der Aus-
länder von dieser Tatsache angenehm überrascht wird.«
Oder auch: »Ziehst du durch fremde Länder, dann sorge
dafür, dass sie von deiner Schweigsamkeit widerhallen. Je
stiller du bist, umso lauter werden die anderen reden.«

Traditionell aber und aus alter Gewohnheit hält es der
Deutsche dann doch lieber umgekehrt, was in den meisten
Ländern nicht unbedingt eine angenehme Überraschung
ist – eine Überraschung ist es schon gar nicht.

Tatsächlich gibt er häufig eine durchaus peinliche Figur
ab, dies- und jenseits der üblichen Klischees. Manchmal
werden sie sogar übererfüllt. Obwohl Holländer, Briten
und Italiener sich keineswegs leiser oder unauffälliger ver-

halten (auch eine schnatternde Gruppe rüstiger Schweizerinnen verfügt über ein erstaunliches akustisches Störpotenzial), klebt am Reisenden aus Deutschland das Image des polternden Unholds, des biertrinkenden Eroberungskriegers und ideellen Weltvernichters, ob mit Panzerfaust vor Moskau oder mit Handtuch am Pool.

Peinlich aber ist der Deutsche auf Reisen vor allem jenen Deutschen, die auch auf Reisen sind und ihm zufällig oder notgedrungen begegnen. Denn der Deutsche im Ausland funktioniert wie ein Vexierspiegel – jeder Blick auf ihn verrät auch etwas Unangenehmes über die eigene Herkunft, der man selbst in Patagonien oder Sri Lanka nicht entgehen kann.

Im Jahre 1925 hat Kurt Tucholsky in Gestalt seines »Herrn Wendriner« dem notorisch peinlichen Deutschen an der Ostsee ein kleines Denkmal gesetzt: »Bademeister! Bademeister! Unerhört! Ist die Ostsee für die Kundschaft da, oder sind Sie für die Ostsee da? Was sich diese Leute erlauben! Nu geben Sie schon her den Bademantel! Hier! Nein, da! Herrgott... Nächstes Jahr gehen wir ins Gebirge – ich wer Ihnen das schon zeigen... Nein, die Zelle da will ich nicht – die andere.«

Mit ein bisschen Fantasie könnte man sich Herrn Wendriner heute auch auf Mallorca vorstellen, an der Costa Brava oder in Thailand.

Störanfälliger als der Deutsche im Ausland ist nur noch einer: der Deutsche im Inland.

Aber das ist ein anderes Kapitel.

Die Wurstverkäuferin oder
Das sozialistische Arbeitskollektiv lebt

Es kann auch »Ihr nettes Käseteam« vom Supermarkt sein oder der Schinkenspezialist an der Feinkosttheke. Hauptsache Theke. Die Theke funktioniert dabei wie ein Postschalter.

Sie trennt die Menschheit in zwei Gruppen: In die davor und die dahinter. Folgt man Kurt Tucholsky, dann träumt in Deutschland die eine Hälfte der Menschen davon, hinter dem Schalter (oder der Wursttheke) zu sitzen, während die andere Hälfte davor in der Warteschlange steht. Doch längst hat sich der deutsche Schalter-Theken-Komplex in seinen diversen Ausführungsbestimmungen verfeinert.

In der Luxuslebensmittelabteilung eines berühmten Kaufhauses etwa wird der Kampf zwischen Kunde und Servicekraft mit traditionell harten Bandagen ausgetragen, aber auch mit sublimsten Mitteln aus dem Reich von Tarnen und Täuschen. Der leckere San-Daniele-Schinken kann noch so greifbar nah scheinen, die Wildschweinpastete noch so provozierend hinter dem gläsernen Tresen locken – die Verkäuferin ist derzeit leider anderweitig beschäftigt. Sie hat sich mit zwei weiteren Kolleginnen ein wenig festgeschwatzt. Es geht um zu lange Arbeitszeiten, unangenehme Kollegen und den arroganten Abteilungsleiter. Der Kunde steht derweil gut sichtbar, allein und erwartungsfroh, aber machtlos an der fünf Meter langen Theke und hofft auf das Ende der Diskussion. Man will ja die innerbetriebliche Debattenkultur nicht torpedieren. So viel Zeit muss sein. Man ist Menschenfreund und weiß, dass gelungene Kommunikation auch ein aktiver Beitrag zu Lebensfreude und Arbeitsmotivation sein kann. Und wirklich, die rechte Patschhand einer wohlgenährten Thekenkraft ruht friedlich auf der Schneidemaschine, in der noch ein großer Laib Serrano-Schinken steckt. Ihre entspannte Körperhaltung drückt den tiefen Wunsch aus, dass dieser vereinzelte und einsame Kunde einfach von selbst wieder verschwinden möge wie so viele andere vor und nach ihm, die letztlich nichts anderes als nervenaufreibende Edelsalamitouristen ohne jede Kaufabsicht sind.

Ein Hauch von sozialistischem Arbeitskollektiv, von VEB, LPG und »Materialpause« durchweht das Parma-Paradies. Hier ist der Kunde nichts als ein Störfaktor des geregelten Arbeitsablaufs. Inzwischen denkt er schon über einen geordneten Rückzug nach, denn eines hat er sich geschworen: Er will nicht »Hallo Bademeister!«, pardon »Hallo Frollein!« rufen und sich wieder mal lautstark über »die Servicewüste Deutschland« beschweren. Nein, lieber holt er sich nebenan eine Pizza Quattro Stagioni oder einen Bauernsalat vom Pleitegriechen.

Just in diesem Augenblick, inzwischen sind Minuten vergangen, nähert sich die sehr ausgeruht wirkende Verkäuferin und flötet im tapfer antrainierten Servicedeutsch: »Was soll's denn heute Schönes sein?«

Der Kunde versagt sich jede Höflichkeitsfloskel und stößt tonlos hervor:

»200 Gramm Foie Gras aus dem Périgord.«

Darüber hinaus hat man sich absolut nichts mehr zu sagen.

Das Nutella-Monster oder
Die Hüfte kommt auch ohne Hose aus

Die Jugend hat es immer schwer im Angesicht des notorisch unbarmherzigen und ungerechten Urteils der älteren Generation. Meist ist sie – was sonst? – nichtsnutzig, unerfahren, zügellos und unverschämt. Die Jugend von heute aber hat es womöglich gar nicht so schwer – sie *ist* vor allem schwer. Schwergewichtig. Durch die jeweils neuesten Errungenschaften der Nahrungsmittelindustrie und das schier unüberschaubare Fressangebot in den Supermärkten provoziert, wachsen die Jugendlichen in immer neue rekordverdächtige Kleidergrößen hinein. Ein Meter neunzig ist bei jungen Männern schon fast die vertikale Durchschnittsdimension, und viele von ihnen gehen beinah ähnlich ausgreifend in die Breite.

Nutella & Co. haben ganze Arbeit geleistet, die Schokoriegel in Bataillonsstärke ebenso wie alle Milch-Shakes, Soft- und Mixdrinks dieser Welt, Pommes mit Majo, Bifi und Cola-Pizza. So stehen sie dann vor einem am Skilift: Mindestens einen Kopf größer, mit einer Kapuze in der Größe eines Kartoffelsacks, in XXXL-Skijacke, einer Hose, die jedem ausgewachsenen Hochland-Gorilla zu groß wäre, und einem Snowboard so gewaltig wie Großmutters Bügelbrett.

Mühelos und ohne es überhaupt zu bemerken, drängen sie einen zur Seite, und jeder Versuch des Protests scheitert schon an der Tatsache, dass die Nutella-Monster zwei Stöpsel im Ohr haben, die sie ins dreistellige Dezibelreich von Powerrock, Heavy Metal und Hardcore Techno entführen.

Man schaut in riesige und noch ziemlich leere Gesichter, deren plane Fläche sich nach unten hin bis zu jenen sackartigen Hosen fortzusetzen scheint, die so tief unterhalb der Hüfte und praktisch schon an den Kniekehlen sitzen, dass man nur zu gerne darauf warten würde, sie beispielsweise kurz vor dem Griff ins Joghurtregal leibhaftig herunterrutschen zu sehen – samt der Unterhose, soweit vorhanden.

Leider geschieht das so gut wie nie, und so schleifen die schweren Beinkleider treulich über den Boden wie der Wischmob einer professionellen Reinigungskolonne. Analytisch scharf zu unterscheiden sind diese absonderlichen textilen Offenbarungen von jenen vornehmlich bei jungen Frauen anzutreffenden hautengen Jeans, die beim Bücken den halben Umfang des Gesäßes entblößen, oft mitsamt eines Tattoos, das unter dem Namen »Arschgeweih« historische Berühmtheit erlangt hat. Erstaunlicherweise hat dagegen der Modetrend bauchnabelfreier Tops spürbar nachgelassen, was wiederum mit dem Nutella-Komplex zusammenhängen könnte: Die Monster-Speckrollen vorne wie hinten sind alles, bloß nicht sexy. Sexy allerdings wollen große Teile zumindest der männlichen Jugend gar nicht mehr wirken. Ihre zeltartigen Umhänge sind eher Burka-ähnliche Körperverstecke, die eine extreme Abgrenzung vom Rest der Welt signalisieren.

Hier dient der übliche Klamottenkult weniger einer ästhetischen als einer sozialen Differenzierung.

Das monsterhaft Überdimensionierte und Unproportionierte setzt sich radikal vom perfektionierten Heidi-Klum-Topmodel-Kosmos ab, von jeder Art kommerzialisierter Hochleistungskultur mit kurzfristiger Bulimie- und mittelfristiger Burn-Out-Garantie. Grenzenlose Hässlichkeit ist hier die revolutionäre Waffe im Kampf gegen die globalisierte Elite des Konsumkapitalismus, die jugendliche Schönheit zum absoluten Dogma erhoben hat.

Dieses Motiv des Widerstands ist durchaus respektabel. Aber müssen die ausgefransten Riesenbabys mit ihrer Liebe zur ausufernden Formlosigkeit ausgerechnet immer dort auftauchen, wo man einfach nur in Ruhe in den Skilift steigen oder im Kino sitzen möchte, ohne in einem Meer von Popcorn und Bierschaum zu versinken?

Stockstörer und andere Pseudosportler oder Hampelmann, stöckel' du voran!

Tocktocktock klappert es von vorne und hinten, von rechts und von links. Es ist Frühling und die »walkenden« Geher-Brigaden sind wieder unterwegs. Ob im Berliner Grunewald, an der Elbe in Hamburg oder im Englischen Garten der bayerischen Hauptstadt – das endlose Geklacker zerreißt jede denkbare Stille.

Immer der gleiche Klopfrhythmus, immer das gleiche Keuchen und Schnaufen, während der Schweiß lautlos in die saugfähigen Outfits tropft, die ästhetisch jeder Beschreibung spotten.

Wie Galeerensträflinge auf Ausgang oder vom Schicksal in die Flucht getriebene Elendsemigranten durcheilen sie schwatzend und plappernd das Terrain, oft in größeren Gruppen. Sie achten nicht des Wegs noch anderer Menschen oder gar der Natur. Ihr Ziel heißt »Weiter, immer weiter!«, wenn es sein muss so lange, bis an der nächsten Biegung des Wegs der allerletzte Stock zerbricht. Ihr markerschütternder Lärm vertreibt noch das letzte verbliebene Kleinwild.

Selbst die für ihre orts- und milieutypische Rücksichtslosigkeit berühmten Berliner Wildschweine, denen vor gar nichts graut, trauen sich an diese stockbewehrten Kampfkolonnen nicht heran. Vielleicht schrecken sie ja allein die strengen Gesichter der stramm marschierenden Fußsoldaten ab, die von einer geradezu fanatisch verbissenen Entschlossenheit künden.

Unter den monotonen Stockgeräuschen der Walker-Sekte ist auch die Spaßgesellschaft der neunziger Jahre endgültig begraben worden. Freude macht hier gar nichts mehr. Es geht nur noch um die Einsicht in die Notwendigkeit: körperliche Ertüchtigung als höchster Ausdruck einer vorgeblich vernünftigen Lebenshaltung. Ein unbeugsamer Wille führt hier Regie – und direkt zur altrömischen Erkenntnis, dass ein gesunder Geist einen gesunden Körper bevorzuge. *Mens sana in corpore sano.*

Doch der populäre Wahn auf dem Felde des sogenannten Breitensports kennt noch viele andere Verirrungen. Jogger, die entlang der Leitplanken von Schnellstraßen die toxikologische Aufnahmefähigkeit ihrer Lungen testen, Marathonläufer, die mehrmals im Jahr die Straßen deutscher Großstädte in Quarantänezonen des Mitleids mit völlig erschöpften, teils gebrechlichen Menschen verwandeln, die sich am Ende gerade noch in einen der bereitstehenden Krankenwagen retten können – aber auch Kanuten und Kajakfahrer, die in endlosen Schwärmen die romantischen Wasserläufe von Ardèche, Tarn und Dordogne okkupieren, um mit ihren hässlichen Plastikboliden und dem schrecklichen Geboller ihrer unausweichlichen Karambolagen den letzten Rest natürlicher Schönheit und Stille zugrunde zu richten.

Wenn hohl die Helme aneinanderschlagen, dann verlässt auch noch der tapferste Fisch die Gefahrenzone. Zurück bleibt nur ein stumpfes Geräusch.

Tocktocktocktock.

Das Fernsehopfer oder
Hauptsache, ich werde geholfen!

»Mit Wut, Trauer und Betroffenheit protestieren wir gegen den Beginn der Bauarbeiten für das Atomkraftwerk Zipperfelde« – so las und hörte man es oft in den siebziger Jahren des zwanzigsten Jahrhunderts. Diese Bekanntgabe einer tiefen emotionalen Verletzung konnte auch von polizeilichen Übergriffen während einer Demonstration handeln, von der Verhaftung eines Hausbesetzers, einem Putsch in Lateinamerika, dem Abholzen der Regenwälder, der Genehmigung eines Neonazi-Aufmarschs oder der wachsenden Gefahr durch vergiftete Lebensmittel.

In den achtziger Jahren dehnte sich die überwiegend politisch bestimmte Wut auf die »Herrschenden«, ihre »Lügen« und »Unterdrückungsmethoden« semantisch immer weiter aus. »Betroffenheit« empfanden nun immer mehr Menschen, auch wenn sie nicht radikal links waren oder zumindest politisch engagiert. Nein, »betroffen« waren nun fast alle »Bürgerinnen und Bürger« – ob vom geplanten Bau einer Autobahn, von der Dünnsäureverklappung in der Nordsee, vom Fluglärm an der Startbahn West, vom Waldsterben und obskuren Würmern in Fischen. In einem Wort: Betroffenheit wurde zum Grundgefühl der Epoche. Eine Mischung aus heller Empörung und diffusem Leiden an der Gesellschaft, egal, ob es um den Mangel an Kindergartenplätzen ging oder um die Nato-Nachrüstung mit Atomraketen. Wer betroffen war, wusste vielleicht noch nicht ganz genau Bescheid, aber er fühlte, dass etwas faul war im Staate Dänemark, dass etwas nicht stimmte und vor allem: Dass man sich dagegen wehren musste. Jedenfalls irgendwie und »ein Stück weit«.

Der Aufschwung einer allgegenwärtigen Betroffenheit

wurde durch die erstarkende Ökologiebewegung und das große Interesse der Massenmedien begünstigt. Journalisten und Reporter fanden immer neue Skandale – ob bei großen Bauprojekten, in der Lebensmittelindustrie, beim Massentourismus oder in der Pharmaindustrie. Es wurde geradezu zum Volkssport, »Missstände aufzudecken« und Verantwortliche zu »entlarven«. Der revolutionäre Eifer von 1968 war zwar längst verflogen, doch nun weitete sich der Impetus von Protest und Aufruhr in einen emotionalen Ausnahmezustand, der vielerorts zum Dauerzustand wurde, zum permanenten Straßenfest einer staatskritischen Selbstemanzipation.

Die Bereitschaft zur Betroffenheit wurde endemisch – zur angewandten demokratischen Tugend, zur staatsbürgerlichen Pflicht, ja zum säkularen Evangelium der Bundesrepublik in den Jahren vor dem Mauerfall.

In den Neunzigern griff das inzwischen weithin kommerzialisierte Fernsehen das Phänomen der Betroffenheit auf und machte es zur vielseitigen Waffe im Quotenkampf. Der extrem hoch angereicherte Gefühlshaushalt war dabei Gold wert. Nüchterne Nachrichten wie in der »Tagesschau« waren von gestern. Nun ging es um Dramatisierung, Emotionalisierung und Skandalisierung, ob bei »Schreinemakers live« oder »Kerner«, bei »Beckmann« oder »Explosiv«, bei »Talk im Turm«, oder »stern tv«.

Und weil zum Gefühl der Betroffenheit immer auch ein Betroffener gehört, ging der Nachschub möglicher Talkshowgäste nie aus. Unmerklich wurden dabei aus den Betroffenen Opfer, Menschen, die nun ein ganz persönliches Schicksal hatten, von dem noch besser, anschaulicher und allgemeinverständlicher zu erzählen war als von Schwermetallen im Gemüse und Nitrosaminen im Bier.

Von hier aus war es dann nur noch ein kleiner Schritt zu Anne Wills weißem Betroffenensofa und dem Extrastehtisch bei »hart aber fair«, an dem sich die soziale Wirklichkeit exemplarisch und gleichsam zum Anfassen präsentierte.

Dies war der reine Stoff des Lebensschicksals, wie auf dem Silbertablett serviert. Manchmal wurde sogar, wie bei »Schreinemakers live«, gemeinsam geweint. Doch auch in den seriösen Formaten gilt bis heute: Gegen gefühlte Ungerechtigkeit und individuelle Not kommt kein Argument an. Jede Relativierung verbietet sich hier, und so wiederholt sich immer wieder jene Szene, in der angeblich »Politik auf Wirklichkeit trifft«: hilflose Politiker, die angesichts der sehr persönlichen, ja privaten Schilderungen etwa einer vierköpfigen »Hartz-IV-Familie«, die von gut 2000 Euro »leben muss«, vor lauter Scham intellektuell geradezu verstummen und nur noch in der Lage sind, ihr Mitgefühl auszudrücken. Jeder Hinweis auf übergeordnete, komplexe Zusammenhänge und verallgemeinerungsfähige Aspekte würde angesichts dieses hautnah ausgeleuchteten Opferelends geradezu zynisch wirken. So schlägt alle Gesprächsteilnehmer ein virtuelles Schuldgefühl in Bann, und von der Idee freier Rede, die auch unangenehme Wahrheiten ausspricht, bleibt nicht mehr viel übrig.

In dieser emotional aufgeladenen Situation braucht es selbst für die naheliegende Frage nach der allfälligen Eigenverantwortung des Opfers einigen Mut: Warum, zum Beispiel, hat eine alleinerziehende Mutter von fünf Kindern, die seit vielen Jahren auf Hartz IV angewiesen ist, nach dem zweiten oder dritten Kind nicht überlegt, wie und von welchen Einkünften sie auf Dauer eigentlich leben will?

Was bei Normalverdienern selbstverständlich wäre, ist beim Opfer fast ein Sakrileg. Denn das Opfer kann schon per definitionem nichts dafür, weil es eben ein Opfer der Gesellschaft ist, ein Opfer ungerechter und unsozialer Verhältnisse. Deshalb hat das Opfer auch immer recht – selbst dort, wo es eigentlich nicht recht hat. Denn jede denkbare

Kritik an eigenen Fehlern und falschen Lebensentscheidungen kann in diesem Kontext – im medialen Setting inszenierter Betroffenheit – nur als unziemlicher, politisch unkorrekter Angriff wahrgenommen werden, der ein Teil jener Machtverhältnisse wäre, die das Opfer ja erst zum Opfer gemacht haben. Das nennt man einen Circulus vitiosus. Oder, mit Niklas Luhmann zu sprechen, ein »selbstreferentielles System«, das nur über bestimmte Resonanzschwingungen überhaupt mit dem Rest der Welt verbunden ist.

Angesichts dieser sich selbst bestätigenden Kommunikation werden auch hartgesottene »Neoliberale« ganz schwach, und der letzte Trick aus der Kiste besteht meist in einem verständnisvollen Hilfsangebot des anwesenden Ministers oder Unternehmenschefs: »Geben Sie mir nach der Sendung mal Ihre Adresse. Ich kümmere mich darum.«

Ein Hauch von Feudalismus weht dann durchs Studio.

Der Herr nimmt die Sache gnädig in die Hand, und das Opfer lächelt verlegen. Mit Verena Feldbusch alias Pooth mag es im Stillen denken: »Hauptsache, ich werde geholfen.«

Leserbriefschreiber, Blogger & Co. oder
Nur Huubär kennt die Wahrheit

Der Leserbriefschreiber alter Schule verfügt über eine ausgedehnte Privatbibliothek und ist im Handumdrehen in der Lage, einen Kurzvortrag über die römische Epoche unter Kaiser Mark Aurel zu halten, den neuesten Stand der Hirnforschung zu referieren und den Stammbaum der Hohenzollern aus dem Kopf herunterzubeten.

Wenn er seine Zeitung liest, die er seit 1957 im Abonnement hält, dann ähnelt der Vorgang eher einem intensiven Aktenstudium als jener hedonistisch-flüchtigen Lektüre, die die junge Generation allenfalls noch an dieses merkwürdige Altpapier bindet.

Er findet jeden Fehler, und sei es nur das kleinste Versehen. Natürlich ist er ein Stilist ersten Ranges, der Formulierungen wie »Ich gehe davon aus«, »Wir werden das zeitnah entscheiden« oder »Im Vorfeld des Parteitages« aus tiefster Seele hasst. Wie oft hat er schon der durchaus konservativen und traditionsbewussten »verehrten Redaktion« geschrieben, wo denn der korrekte Gebrauch des Genitivs geblieben sei und warum wieder die Verwendung von Adverb und Adjektiv verwechselt wurde.

Zur Höchstform läuft der Leserbriefschreiber alter Schule freilich auf, wenn er gleich ein ganzes Weltbild gerade rücken oder vom Kopf auf die Füße stellen kann. Beliebte Gegenstände der historischen Ein-Mann-Kommission sind die Vertreibung der Oberschlesier und Sudetendeutschen am Ende des Zweiten Weltkriegs, die »wahre« Zahl der Todesopfer der alliierten Bombardierung Dresdens in der Nacht vom 13. auf den 14. Februar 1945, die ungerechte »Schmähung« des deutschen Papstes und die verhängnisvolle Geschichte der Rechtschreibreform.

Es ist selbstverständlich, dass sich besonders viele Professoren, Lehrer, Architekten und Ingenieure unter dieser hoch gebildeten Spezialpopulation befinden, die den dilettierenden Redakteuren erst einmal erklären müssen, was der Unterschied zwischen einem Pilaster und einer Palisade ist oder warum ein nuklearer Druckwasserreaktor nicht das Gleiche ist wie ein Siedewasserreaktor. Der Umstand, dass in den letzten Jahren viele junge blonde Absolventen von Journalistenschulen in die Zeitungsredaktionen strömten, verschärft die Lage für den Leserbriefschreiber noch. Manchmal weiß er gar nicht, wo er anfangen soll mit seinen Korrekturen und kritischen Anmerkungen. Eigentlich bräuchte er täglich eine eigene Seite, um all das Falsche richtigzustellen. Immer wieder korrigiert er auch Irrtümer und Fehlmeinungen anderer Leserbriefschreiber, die meist jünger sind und schon deshalb kaum eine Ahnung davon haben, wie es kurz vor der Währungsreform 1948, Stichwort Schwarzmarkt, in Paderborn wirklich zuging.

Die Redaktion kennt natürlich ihre passionierten Dauerkunden und versucht immer wieder, begütigend auf sie einzuwirken. Oft hilft es nicht viel, und die täglichen Anrufe, wann denn endlich der Leserbrief zum geplanten Doppelbesteuerungsabkommen mit den Cayman Islands veröffentlicht werde, treiben manch wackeren Redakteur bis an den Rand der Yucca-Palme.

Ein ebenso erfahrener wie leidgeprüfter »Spiegel«-Redakteur klassifiziert den Leserbriefschreiber in der Häufigkeit seines Auftretens wie folgt: »1. Rechthaber, von zaghaft bis vorwiegend zeternd (70-80 Prozent), 2. Selbstvermarkter (10 Prozent), 3. komplett Irre, meistens Paranoide, die man schon am vollen, oft mit Marker verzierten Schriftbild erkennt (5-10 Prozent), 4. echte Argumentierer, wirklich Betroffene (1 Prozent), 5. Lobende (unter 1 Prozent).«

Beim Blogger, der digital fortgeschrittenen Internetversion des Leserbriefschreibers, ist die Normalverteilung ähnlich. Nur der Anteil der komplett Irren liegt signifikant höher. Er braucht ja auch kein Telefon mehr, um sich Luft zu verschaffen. Ein Klick reicht, und schon kann er loslegen. Kein Suchen nach Briefumschlag und Briefmarke und schon gar kein Gang zum Briefkasten – der Blogger beschwert sich in Echtzeit. Weil er seinen wirklichen Namen gar nicht mehr vermerken muss, sondern sich unter Pseudonymen wie »Tod und Vergeltung«, »Baukran«, »Chaotarch«, »Antichrist«, »Grosskotz«, »Bald kein Leser mehr«, »Deutscher Denker«, »Huhu« und »Quatsch mir eins« zu Wort meldet, muss er auch vor den schlimmsten und abwegigsten Beleidigungen nicht zurückschrecken. Grundsätzlich sind die Journalisten »dummdreiste Zyniker«, »Ignoranten« und »korrupte Schweine«, die mit den ebenso qualifizierten Politikern »unter einer Decke stecken«, um wahlweise den Kommunismus, Faschismus oder Finanzkapitalismus skrupellos voranzutreiben.

Da wird ein Publizist in den besten Jahren ganz rasch zum »zynischen alten Mann, der in der deutschnational getarnten CIA-Postille *Der Spiegel* einen auf linksorientierten Journalisten macht«, während seine »widerwärtigsten Ausgüsse der verlogenen rechten Speichelleckerei« kaum noch zu zählen sind.

Wilde Verschwörungstheorien gehören zum Grundbestand der Blogger-Welt, und immer sind die USA dabei, gleich danach Israel und sein Geheimdienst Mossad, CIA und BND sowieso. Nicht zu vergessen internationale Konzerne und ihre verabscheuungswürdigen »Marionetten«.

Zwar haben »die Politiker« überall und immer ihre Finger drin und sind bis zur Halskrause käuflich, andererseits wird ihre absolute Tatenlosigkeit beklagt. Diesen Vorwurf kann man den Bloggern nicht machen. Tag und Nacht sitzen sie an ihren Rechnern und saugen die virtuelle Welt 2.0 in sich auf. Ihnen entgeht nichts, schon gar nicht die »täglichen Schweinereien der Herrschenden«, die ja auch keine Sekunde schlafen, jedenfalls nicht, wenn sie ihre Verbrechen an der Menschheit aushecken.

Und kaum ist wieder einer dieser unerträglichen Schmierenartikel erschienen, haut »Huubär« oder »Nationaldemokrat« in die Tasten. Der Untergang Deutschlands steht unmittelbar bevor, aber für einen genialischen Rundumschlag, blitzschnell formuliert zwischen Cola light und Pizzaresten, reicht es immer noch. Für korrekte Rechtschreibung, geschweige denn gutes Deutsch, meist leider nicht.

Auch längst emeritierte Politiker werden nicht geschont: »Sorry – Kohl einen Staatsmann zu nennen, na ja, mit Sicherheit war er der Dümmste von allen, leitete er in Deutschland doch die Umwandlung von einer einigermaßen funktionierenden Demokratie in einen Feudalstaat ein. Sind wir doch mal ehrlich, wir bezahlen heute für die irrational geistig-moralische Wende der Herren Kohl, Genscher und wie sie alle hießen, die mit einer nie da gewesenen Vehemenz den heutigen kannibalistischen Finanzspekulations- und Anlagenbetrugsfeudalismus herbeiregierten, auf dessen Grundlage nun eine völlig neue Gesellschaft geschaffen wird.«

Wahrscheinlich wird es am Ende irgendwas zwischen Globalfaschismus und Feudalkommunismus sein.

Wozu der gute alte Leserbriefschreiber noch die Lektüre ganzer Bibliotheken brauchte, das gelingt dem Blogger spielend leicht – er braucht noch nicht einmal Wikipedia.

Um zur abschließenden Bewertung historischer Vorgänge und herausragender Zeitgenossen zu gelangen, fragt er einfach sich selbst. So schreibt »Vollpfosten« am 25. März 2010 mit der geballten Autorität sui generis:

»Diese Vollversager würden von mir durchgehend die Note 6- bekommen. Nie hatten wir eine solch eine schlechte Regierung und solch schlechte Politiker.«

Wenn Tote bloggen könnten, bekäme »Vollpfosten« wahrscheinlich umgehend eine richtig nette Mail vom Führer.

Der Tischnachbar oder
Vorsicht, Gast hört mit!

Freunde kann man sich aussuchen. Den Tischnachbarn nicht. Plötzlich sitzt er da und stört. Früher, als man in Restaurants noch rauchen durfte, zündete er sich erst mal eine Zigarette an.

Wem in diesem Augenblick gerade der *insalata frutti di mare* mit frischem Sellerie und viel Petersilie serviert wurde, der hatte eben Pech. Denn der rauchende Tischnachbar kennt keine Gnade. Und wer – als vermeintlich probate Gegenmaßnahme – ein kleines Fenster kippen will, unterschätzt die hartnäckige Konsequenz des Tischnachbarn.

»Es zieht«, sagt er ungerührt und verriegelt das Fenster wieder.

Doch auch ohne jeden Qualm ist der Tischnachbar ein Störer *in nuce*. Seine Stimme ist unangenehm und gerade so laut, dass man eine Beschwerde nicht vorbringen mag, sich aber dennoch auf das eigene Gespräch nicht konzentrieren kann. So pendelt das gepeinigte Gehör ständig zwischen den Tischen und Gesprächspartnern hüben und drüben. Dabei kann es durchaus interessant sein, das Neueste aus der Beziehungskrise zwischen Klaus-Rüdiger und Mandy aus Hakenfelde zu erfahren oder den aktuellen Stand der harten Vertragsverhandlungen mit einer schwäbischen Privatbrauerei. Aber nicht hier und nicht jetzt.

Gewiss, auch intime Sozialstudien haben ihren Reiz, und wenn man sich den näselnden Wichtigtuer mit Edelhemd, Manschetten und Protzuhr so anschaut, wie er versucht, die ihm gegenübersitzende junge Dame zu beeindrucken, dann schießen die abgründigen Gedanken wie von selbst durch die Synapsen.

Aber eigentlich hatte man sich für diesen Abend etwas ganz anderes vorgenommen.

Auch strenge, stirnrunzelnde Blicke, unmissverständliche körpersprachliche Interventionen (wie demonstratives Abwenden, vernehmliches Tischrücken) oder der mimetisch-verhaltenstherapeutische Versuch, mit gleicher Lautstärke zurückzuzahlen, bewirken nichts und gehen letztlich fehl. Denn es ist das Kennzeichen des Tischnachbarn, dass er das eigene Verhalten für die absolute Krönung abendländischer Kulturtradition hält.

Die Art und Weise, wie er mit der gut gebräunten, zuweilen schwer beringten Rechten zur sündhaft teuren Flasche Brunello 1996 *Indicazione Geografica Tipica* greift und *ihr* nachschenkt, ohne einen einzigen kostbaren Tropfen zu vergießen, während er unermüdlich weiterdoziert, das soll große Klasse anzeigen frei nach dem Westernklassiker von 1967 »Man nannte ihn Hombre«: supercool und megaattraktiv, eine Mischung aus Yul Brynner, Vitali Klitschko und Flavio Briatore. Er weiß, wie's geht, und er zieht sein Ding einfach durch. Gnadenlos. Seine antrainierte Impertinenz, seine aus allen Poren strömende Brunftigkeit macht jeden potenziellen Angreifer sprachlos, und mit atemberaubender Selbstverständlichkeit dehnt sich die abstoßende Aura im Gastraum immer weiter aus.

Abhilfe wäre hier nur mit Mitteln zu schaffen, die weder mit dem Einmaleins des guten Tons noch unter Rückgriff auf die neuesten Ausgaben des legendären »Knigge« gerechtfertigt werden könnten – selbst bei schwersten Verstößen gegen die guten Tischsitten.

Selbstverständlich gibt es unzählige Varianten des Störers am Nachbartisch: den hoch engagierten, beschwanzten Politzausel, der eine ganze Tischgesellschaft und den Rest des Restaurants mit seinen kritischen Anmerkungen zur Zukunft der deutschen Sozialdemokratie in Bann schlägt; den schier unwiderstehlichen italienischen Adri-

ano-Celentano-Verschnitt, der in seinem heruntergescroll-
ten Zebrastreifen-Ganzkörperskianzug auf der Bergstation
Furtschellas im Oberengadin unüberhörbar den Pisten-
Berlusconi gibt, bevor er sich wieder ins mörderische Out-
door-Abenteuer stürzt; nicht zu vergessen die deutsche
Kleinfamilie in Berlin-Kreuzberg, die den Cafébesuch als
Verlängerung des Kindergeburtstags mit anderen Mitteln
versteht.

Für den Tischnachbarn gilt der alte Satz: Die Hölle, das
ist der andere. Der Mitesser neben dir.

Das Wetter oder
Zum Teufel mit Tief Torge!

Heute zum Beispiel war es wieder eine echte Unverschämtheit. Der feine Nieselregen legt sich bereits nach Sekunden auf die Brillengläser, überzieht Haut und Kleidung mit einem perfide perlenden Nässefilm. Dabei weht bei exakt fünf Grad plus ein mittelstarker Wind, der gerade so austariert ist, dass er die winzigen Wassertropfen praktisch aus allen Himmelsrichtungen gleichmäßig im Gesicht verteilt. Selbst der Regenschirm bietet dagegen kaum Schutz, und die gute Laune ist vollends im Eimer. Dabei hatte die Vorhersage das Hoch »Hildegard« angesagt. Aber das Tief »Torge« hat es sich anders überlegt und blieb ortsfest.

»Alle reden über das Wetter. Wir nicht.« So warb der »Sozialistische Deutsche Studentenbund« (SDS) 1968 mit den Köpfen von Marx, Engels und Lenin für die Revolution und persiflierte damit eine gleichlautende Werbeaktion der Deutschen Bundesbahn.

Abgesehen davon, dass der Fahrplan der Deutschen Bahn bis zum heutigen Tage von jeder kleineren meteorologischen Unbill aus dem Gleis geworfen werden kann, führt die wohlklingende Parole, ob kapitalistisch oder sozialistisch gefärbt, existenzphilosophisch und kommunikationspraktisch in die Irre.

Grundsätzlich ist nicht zu bestreiten, dass das Wetter ein Naturphänomen ist, Teil jener Naturkräfte des Planeten Erde, die zu den grundlegenden Bedingungen des Menschen gehören. Ihren Widrigkeiten hat er nur eines entgegenzusetzen: Bändigung durch Schutz und Vorsorge, durch Vorhersage und Eindämmung ihrer Wirkungsmacht. Auf diese Weise ist der Natur seit Jahrtausenden an vielen Stellen das absolut Schicksalhafte schon ausgetrieben worden. Viel mehr noch: Seit einigen Jahrzehnten wird die Umkehr dieses Prozesses angemahnt, der Schutz der Natur vor den seinerseits zerstörerischen Zivilisationskräften des Menschen. Prominentestes Beispiel: die weltweite Klimaerwärmung.

In dieser Dialektik der Naturbeherrschung steckt aber auch die Wahrheit über die Vermenschlichung, früher hätte man gesagt: die Kachelmannisierung des Wetters.

Da die Folgen zukünftigen Wetters in eine dauerhafte Menschheitskatastrophe münden könnten, soll es nun durch massive Anstrengungen des homo sapiens beeinflusst werden – selbstverständlich zum Guten. So scheint das einst unabänderliche Wettergeschehen fast menschengemacht.

Womöglich auch deshalb werden ihm im alltäglichen Umgang nicht nur immer humanere, ja persönliche Züge zugesprochen. Folgerichtig tragen Hoch- und Tiefdruckgebiete, Stürme, Orkane und Taifune schon seit Jahren Männer- und Frauennamen. Auch die gute alte Wetterprognose, vor allem im Fernsehen, hat sich inzwischen zum emotionalisierten TV-Spektakel entwickelt, in dem nicht zufällig gerne von »gefühlten minus zwanzig Grad« gesprochen wird und schon mal Sonnenschirm, Badehose oder Gummistiefel in die Kamera gehalten werden.

Die einst wissenschaftlich-nüchterne, staubtrockene und nur leicht popularisierte Fachsprache der Meteorologen wimmelt längst von verniedlichenden oder dramatisierenden Neuschöpfungen wie »Blumenkohlwolken« und »Angrillhitze«. Da »schifft's« schon mal kräftig statt einfach nur zu regnen, und überhaupt gehört das Wetter jetzt irgendwie jeweils dem Spaßvogel, der es gerade vorhersagt. Was dem einen www.donnerwetter.de ist, mag dem anderen der »SWR 3-Wettermelder« sein – ein beliebiger Hörer, der gerade nichts Besseres zu tun hat, als in Villingen-Schwenningen auf seinen Balkon zu treten und das Thermometer abzulesen. Man nimmt das Wetter jetzt persönlich und versucht, ganz im Sinne der postmateriellen Individualisierung, es in die eigene, hedonistisch geprägte Lebensplanung einzubeziehen. Motto: Right or wrong, it's my Weatherman!«

Gerade weil es trotz aller wissenschaftlichen Bemühungen immer noch nicht gelingen will, das Wetter nachhaltig und basisdemokratisch im Sinne der Volksmassen zu verbessern, versucht man wenigstens, es auch bei Dauerregen und Sturmböen möglichst unterhaltsam erscheinen zu lassen. Auch hier ist Kommunikation schon der halbe Sommer, jedenfalls gefühlt.

Rasch kam man zudem darauf, dass die aus Amerika stammende Erfindung des »Weatherman«, der mit ausgreifenden Bewegungen, dramatischem Mienenspiel und im Tonfall eines Religionsgründers oder Sektengurus sein Amt verrichtete, noch nicht das Ende der Möglichkeiten war. So folgte ihm die blonde »Wetterfee« auf dem Stöckelschuh, die sirenengleich und auf mörderisch hohen Absätzen zwischen Hoch und Tief hin und her trippelte.

Strahlendes Lächeln und kurzes Röckchen bringen den Zuschauer in Wallung und verführen dazu, der Faszination der Wettervorhersage gleich mehrmals am Tage nachzugeben.

Einzelne Privatsender steigerten das Vergnügen am Wetter-Event noch und veranlassten die Damen, die nun, anders als die keusche Dr. Karla Wege vom ZDF, gar nichts mehr von Meteorologie verstehen mussten, je nach Temperatur und Wetterlage die sowieso schon spärlichen Hüllen fallen zu lassen.

Die bittere Wahrheit aber ist: Der historische Fortschritt bei Wetter und Wettervorhersage hat gar nichts verbessert. Im Gegenteil: Jetzt quält uns nicht nur das schlechte Wetter, sondern auch noch die gespreizte Selbstverliebtheit seiner selbst ernannten Suppenkasper.

Kinder oder
Die Engel unseres Alltags

Kinder sind das Glück unserer Erde, die Iris unseres Schauens und die Amaryllis unserer Seele. Ihr Lächeln lässt uns in einen anderen Daseinszustand entschweben, und ein Blick in ihre Augen sagt uns mehr als tausend Worte.

Aber wenn sie in ihren feuerwehrroten Plastikgeschossen über den Bürgersteig unter unserem Fenster brettern, dann bedarf es schon einer sehr großen, beinah buddhistischen Abstraktion vom lärmdurchtosten Augenblick, um in den Drei- oder Vierjährigen immer noch die Engel unserer Existenz, die göttergleichen Boten unseres Lebensglücks zu erblicken.

Wenn sie sich, ewiges Rätsel der Anthropologie, auf dem Spielplatz vor unserem Haus einen jener Schreiwettbewerbe liefern, als ginge es um Germany's next Shouting-Star, dann muss die Nächstenliebe der Erwachsenen grenzenlos sein, um nicht dem inneren Drang nachzugeben, selbst sehr, sehr laut zu werden.

Dass Kindererziehung eine hoch komplizierte und letztlich unlösbare Aufgabe ist, steht dabei auf dem einen Blatt der Wahrheit. Auf dem anderen aber ist die frühe Abrichtung der Kleinsten zu erfolgreichen Störern mit Zukunftsperspektive notiert, und hierbei leisten Väter wie Mütter tatkräftige Mithilfe.

Viele Jahre lang wurde die Bundesrepublik der »Kinderfeindlichkeit« geziehen. Auch ohne empirische Belege wurde diese Behauptung zur Standardwahrheit in jeder Talkshow und in den Zeitungskommentaren geadelt. Inzwischen hat sich die Lage – nicht nur dank des segensreichen Wirkens der früheren Familienministerin Ursula von der Leyen – nachweislich gewendet.

Kinder genießen zwar noch keinen voll umfänglichen, gerichtsfesten diplomatischen Status wie die Söhne Muammar al-Ghaddafis, aber in den besseren Kreisen werden sie schon wie Kronprinzen und Prinzessinnen auf der Erbse behandelt. Ob eher streng oder sehr liberal erzogen – das Selbstbewusstsein ihrer Auserwähltheit und Einzigartigkeit wird ihnen von Kindesbeinen antrainiert.

Nüchterne Ökonomen würden sagen: Je weniger Kinder geboren werden, desto wertvoller sind sie. In jenen Bezirken Deutschlands, wo das Kinderkriegen eine auf hohem Reflexionsniveau betriebene Lebens- und Karriereplanung voraussetzt – und eben nicht einfach so passiert –, hat das Neugeborene eine wahre Preisexplosion ausgelöst. Nicht nur materiell und ausstattungsmäßig, sondern auch, was das Selbstwertgefühl betrifft, das in das junge Leben eingepflanzt wird wie ein kostbarer Rohdiamant.

Dabei scheint es ein bisschen so zu sein wie bei einem teuren Opernbesuch mit anschließendem Soupé oder einer aufwendigen Reise zu einem »Abba«-Musical in eine europäische Metropole: Man hat so viel Zeit, Geld, Hoffnung und frohe Erwartung investiert, dass man das Ergebnis einfach überwältigend finden muss. Und so wird aus dem kleinen Askan-Titus ein wahrer Kindkaiser, der Tyrann vom Dienst. Selbst wenn der Dreijährige den Perfektionsvorstellungen seiner Eltern noch nicht ganz entspricht und im Blumenladen »Chez Marie-Claire« ein paar Rosenköpfe abknickt (drei Euro das Stück), fällt die Ermahnung äußerst sanft, gleichsam kosmologisch-ganzheitlich und sehr biodynamisch aus:

»Du, Askan-Titus, das tut den Blumen aber ganz doll weh!«
Angesichts dieser einfühlenden Naturphilosophie hat selbst das unverständigste Kind ein Einsehen, obwohl es gerade schon die nächste Gartenschere erspäht hat.

Da freut sich die Verkäuferin und wagt es natürlich nicht, der stolzen Mama den Verlust in Rechnung zu stellen.

Und was weiß Askan-Titus schon von ihrer knappen Mischkalkulation!

Sie aber weiß natürlich: Kinder sind das Glück unserer Erde, die Iris unseres Schauens und die Amaryllis unserer Seele.

Kleiner Exkurs zum Lärm oder
Hier soll ich denken und dichten?

In seinem innersten schwarzen Kern ist das Störerpandämonium eine schmerzhafte, oft unerträgliche Herausforderung der menschlichen Sinne – eine ästhetische oder akustische Zumutung, die am Nervenkostüm zerrt und die Lebensqualität massiv beeinträchtigt. Dabei spielt die subjektive Wahrnehmung eine entscheidende Rolle. Was dem einen der fluchwürdige Angriff auf seine körperliche Unversehrtheit ist, veranlasst den anderen zum rhythmischen Mitklatschen. Wo der eine sich selig niederlässt, sinnt der andere nur noch über den unauffälligsten Fluchtweg. Wenn der eine lacht, versteinert die Miene des anderen.

Je nach Charakter, Bildungsgrad, Temperament und Alter unterscheiden sich die Empfindungen gegenüber akuten Störungen des existenziellen Umfelds in einem dramatischen, gar nicht zu überschätzenden Ausmaß. Manch einen kann schon das Schälen einer Orange durch den Sitznachbarn in seelische Abgründe stürzen, während andere das minutenlange, gut hörbare Zerkauen eines lauwarmen Döners mit ganz viel Zwiebeln direkt gegenüber stoisch ertragen und womöglich noch höflich anfragen, ob die kleine Zwischenmahlzeit denn auch ordentlich munde.

Es gibt Radfahrer, die monatelang völlig ungerührt mit schepperndem Schutzblech und quietschender Kette übers Pflaster schreddern, während sensible Großstadtneurotiker am Straßenrand schon ein paar Sekunden dieses schrapnellartig vorbeikratzenden Geräuschs unerträglich finden und reflexartig nach Zange und Ölkännchen Ausschau halten.

So oder so: Dies- und jenseits aller extrem unterschiedlichen Wahrnehmungen im »zwischenmenschlichen Bereich« (Loriot) bleibt der Lärm die Nemesis unserer Tage.

Selbst wenn die physikalisch durchaus zweifelhafte These wahr sein sollte, Lärm entstehe vorwiegend im Kopf, bleibt immer noch das Faktum selbst: »Ab einem Dauerschallpegel von 60 Dezibel treten Stressreaktionen im Schlaf auf, ab 80 Dezibel kann die Gesundheit leiden. Die Schmerzgrenze liegt bei 130 Dezibel, dann hält sich ein Mensch automatisch die Ohren zu. Lärmeinwirkung von 150 Dezibel verursacht in Sekunden irreparable Schäden. Zum Vergleich: 60 Dezibel können Gruppengespräche erreichen, 80 Presslufthämmer, 100 Ghettoblaster, 130 Düsenjäger.«

Dass diese und weitere, sich daraus zwingend ergebende Tatsachen ausgerechnet die linke »taz«, das Generationsprojekt der alternden Post-68er, Anfang April 2010 auf einer ganzen Zeitungsseite ausbreitete, deutet noch auf einen anderen Umstand hin: Die Lärmempfindlichkeit nimmt im Laufe der Lebensjahre zu – jedenfalls so lange, bis eine offenbar im Himmel als ausgleichende Gerechtigkeit vorgesehene Schwerhörigkeit den »gefühlten Lärmpegel« wieder sachte sinken lässt. Dabei gilt die klassische Faustregel »Die Kritiker der Elche waren früher selber welche«: Den Höllenlärm, den man als Zwanzigjähriger veranstaltet hat, muss man als Fünfzigjähriger leidvoll ertragen. Offenbar handelt es sich hier um einen akustischen Generationenvertrag im Sinne Norbert Blüms: *Der Lärm ist sicher!*

Dabei werden die eigenen, langjährigen Geräuscheinzahlungen wie die Rente punktgenau, also *just in time*, von den heute aktiven Lärmakrobaten emissionsfrisch aufgebracht und gesetzmäßig an die jeweils ältere Generation weitergegeben.

Ob es göttliche Gerechtigkeit ist oder nur die ganz normale Hölle auf Erden: Das gleiche Bongogetrommel, das man in den siebziger Jahren im Frankfurter Grüneburgpark als stimmungsvolle Begleitmusik zur cannabisgeschwängerten Kampfpause zwischen diversen revolutionären Aktivitäten (den Begriff »Chillen« gab es damals noch nicht) empfand, kann heute, etwa in der Berliner Hasenheide, selbst hartgesottene Alt-Hippies mit Seniorenpass und Facebook-Mitgliedschaft in den Wahnsinn treiben. Und wer einst die Lautsprecherboxen eigenhändig aufs Fensterbrett in der Wohngemeinschaft gestellt hatte, um auch die stumpfsinnig-bürgerliche Nachbarschaft in den Genuss revolutionärer musikalischer Botschaften zu bringen, der steht dreißig Jahre später senkrecht im Bett, wenn der Nachbar von unten wieder mal seine Bushido-Phase auslebt.

Auch für den Lärm gilt natürlich, was für das Böse allgemein zutrifft: Es ist immer der andere, der fürs Ungemach sorgt. Er, der Mitmensch. Und immer geht es um die alte Machtfrage: Wer wen? Wer macht den Lärm, wer also ist handelndes Subjekt, und wer muss die Qual – als ohnmächtiges Objekt – hilflos ertragen?

Darüber hinaus kommt es immer auch auf den Kontext an: Meeresrauschen am Strand oder Vogelgezwitscher im Wald kann wie eine Labsal für Körper, Geist und Seele wirken, während Froschquaken in der Nacht oder Taubengegurre am frühen Sonntagmorgen als brutale Angriffe auf die persönliche Integrität wahrgenommen werden.

In ihrer kleinen Kulturgeschichte des Lärms (»Nur im Weltall ist es wirklich still«, Berlin 2010) interpretiert Sieglinde Geisel den Lärm gesellschaftskritisch vor allem als soziale Frage. Die »Geräusche der Mächtigen« seien »per definitionem kein Lärm«, weil sie »die herrschende Ordnung« bestätigten. Richtiger, als störend geltender Lärm komme immer »von unten«, von Bauarbeitern, Saufbrüdern, Straßenmusikern, Motorradfahrern und Halbstarken«.

Bei allem Verständnis für die bedeutende Rolle der arbeitenden, fahrenden oder biertrinkenden Klasse: So kann man das nicht stehen lassen. Uns nerven immer wieder auch durchaus hochgestellte Persönlichkeiten oder solche, die sich dafür halten. Denn längst haben sich die Verhaltensweisen, ob privat oder öffentlich, derart weitgehend von den traditionellen Unterscheidungen zwischen »bürgerlich« und »proletarisch«, »oben« und »unten« gelöst, dass die alten sozialen Zuschreibungen längst überholt sind. Ob Manager oder Hartz-IV-Empfänger, Theaterregisseur, alleinerziehende Mutter oder Handwerker – alle plärren gleichermaßen in ihre Handys, wo immer sie sich gerade aufhalten, und verwischen damit die letzten schütteren – und schüchternen – Grenzen zwischen Privatsphäre und Öffentlichkeit.

Diskretion gibt es nicht mehr. Der »mutwillige Lärm« des einfachen Volkes, den der Philosoph Theodor Lessing, Ohropax-Pionier der ersten Stunde und Mitbegründer der Zeitschrift »Der Anti-Rüpel«, vor hundert Jahren wortgewaltig beklagte, hat sich längst nivelliert und flächendeckend verbreitet.

Wenn heute mehr als die Hälfte der Deutschen unter Lärm leidet, dürfte das Phänomen keine echte Klassenfrage mehr sein, kein Ausdruck sozialer Distinktion. Denn auch das ruhige »Häuschen im Grünen« ist längst nicht mehr den oberen Zehntausend vorbehalten.

Das ändert nichts daran, dass die bewusste Herbeiführung lautstarker Stör-Emissionen durchaus »die Rache des kleinen Mannes« sein kann, wie Sieglinde Geisel formuliert.

Wer einmal eine Nacht im engen Gassengewirr eines romantisch-mittelalterlichen Städtchens in Südfrankreich oder auf Sizilien verbracht hat, weiß, dass die stundenlang hin und her rasenden Mopeds Teil einer subversiven Guerilla-Strategie sind mit dem Ziel, einen wenigstens kurzfristigen akustisch-anarchistischen Sieg über die reaktionäre bürgerliche Ruheordnung zu erringen.

Dabei haben sich, trotz des großen technologischen und gesellschaftlichen Wandels, die klassischen Lärmquellen binnen eines Jahrhunderts gar nicht so sehr verändert. Oft genug hat nur eine neu erfundene Höllenmaschine die alte abgelöst – wie der brummende Kühlwagen den scheppernden Milchlaster. Wahrscheinlich ist die Summe aller – unterdessen vorwiegend elektronisch erzeugten – Geräusche sogar immer weiter angewachsen. Selbst in früher einsamen Hochtälern der Alpen dröhnen inzwischen die hochmodernen Aggregate von Jeeps, Hubschraubern und landwirtschaftlichen Großmaschinen über die Almwiesen. Beinah selig muten uns heute jene Zeiten an, als Automobile, zumindest auf dem Lande und in kleineren Städten, noch eine Rarität waren, der Passagierluftverkehr gerade erst begonnen hatte und die Allgegenwart unentrinnbar mäandernder Popmusik – vom Supermarkt bis zu jenem lästigen Zirpen, das von den Ohrstöpseln autistischer U-Bahn-Fahrgäste ausgeht – noch ebenso unbekannt war wie Handyklingeln, das alles durchdringende *Piepiepiep* beim Rückwärtsfahren teuflisch lauter Müllfahrzeuge und quadrofon wummernde Autoradios, deren akustische Druckwellen schon brandenburgische Jungstörche aus dem Nest haben fallen lassen.

Von kleinen, historisch bedingten Variationen abgesehen, klingt die Liste des Schreckens aus Theodor Lessings »Kampfschrift gegen die Geräusche unseres Lebens« von 1908 deshalb erstaunlich aktuell: »Die Hämmer dröhnen, die Maschinen rasseln. Fleischerwägen und Bäckerkarren rollen früh vor Tag am Hause vorüber... Tausend Türen schlagen auf und zu. Tausend hungrige Menschen, gierig nach Macht, Erfolg, Befriedigung ihrer Eitelkeit oder roher Instinkte, feilschen und schreien, schreien und streiten vor unseren Ohren... Nun läutet das Telefon. Nun kündet die Hupe ein Automobil. Nun rasselt ein elektrischer Wagen vorbei. Ein Bahnzug fährt über die eiserne Brücke... Ein Stockwerk höher rammeln Handwerker. Im Treppenflure schlägt jemand Nägel in eine offenbar mit Eisen beschlagene Kiste. Im Nebenhause prügeln sich Kinder. Sie heulen wie Indianer, sie trommeln an den Türen.«

Und wie von heute, so als säße Durs Grünbein am Laptop in Berlin-Mitte, umgeben von Baustellenlärm, Touristengebrüll und Straßenbahngekreisch, klingt der erbarmungswürdige, über zweitausend Jahre alte Notruf des römischen Dichters Horaz: »*Ich soll inmitten des Lärms, der Nacht und Tag durchtobt, dichten?*«

Wie oft hat selbst unsereins schon Botho Strauß um sein Haus im Uckermärkischen fernab der Welt beneidet, und wie nahe schien uns in grässlichen Augenblicken, da vor wie hinter unserem Schreibzimmer Bagger und dumpf grollende Kompressoren wüteten, die bittere Wahrheit Arthur Schopenhauers, dass all diese Geräusche »unsere Gedanken zerreißen« und »die Denkkraft zerrütten«. Ja, wir geben es zu: Auch wir Kleingeister und Schrumpf-Epigonen der Dichter und Denker sind in solch dunklen Momenten nicht weit von jener leicht hoffärtigen Ansicht Schopenhauers entfernt, »dass die Quantität Lerm, die Jeder unbeschwert vertragen kann, in umgekehrtem Verhältniß zu seinen Geisteskräften steht«.

Im Klartext: Die gegen Lärm eher unempfindlichen Zeitgenossen sind meist auch unempfindlich für Schönheit, Anmut und Esprit.

Doch selbst der gut gemeinte Ratschlag des römischen Stoikers und bekennenden Kaltwasserbaders Seneca hilft nicht wirklich weiter: »Ich zwinge meinen Geist, nur auf sich gerichtet zu sein und sich nicht nach außen hin ablenken zu lassen.« Noch metaphysischer: »Erst dann bist du ein Mensch, wie er sein soll, wenn du gleichgültig bist gegen jeden Lärm, wenn keine Stimme dich aus der gewohnten Fassung bringt...«

Leider hat dieses edle Bestreben nach der seelisch-geistigen Wellness der *Stoa* durch angestrengte Selbstkonzentration und eine Art frühbuddhistischer Weltabgewandtheit einen kleinen Haken: Es funktioniert nur in Ausnahmefällen.

Den einzigen Ausweg der praktischen Vernunft hat wieder einmal Immanuel Kant aus Königsberg gewiesen: Er kaufte seinem Nachbarn den ewig krähenden Hahn ab und ließ ihn umgehend in den Suppentopf expedieren. Bedauerlicherweise sind derart pragmatische Lösungen eher selten zur Hand.

Vielleicht hat der Satiriker und Lyriker Robert Gernhardt recht. Er gibt nichts auf das irdische Gejammer und Getöse und wendet sich gleich an die einzig richtige Adresse – an den Allmächtigen. »Du sollst nicht lärmen!« Dieses Gebot habe Gott schlicht vergessen, und so unterbreitet das prominente Mitglied der »Neuen Frankfurter Schule« gleich selbst einen Formulierungsvorschlag für das 11. Gebot: »Ihr sollt keinen Walkman in Zügen benutzen, denn siehe: der Walkman ist ein Blendwerk des Satans, zu verwirren die Sinne des Menschen.«

Manchmal aber kann auch ein unschuldiges Geschöpf Gottes der Satan selbst sein. Kurt Tucholsky hat es schon 1927 in seinem »Traktat über den Hund, sowie über Lärm und Geräusch« zum ganz persönlichen Feindbild erkoren und zugleich seinen Begriff vom Inferno anschaulich umrissen:

»Was aber ein regelmäßiges, stumpfes, sinnloses und sich stundenlang wiederholendes Geräusch angeht, so müssen die Gehirne wohl verschieden gebaut sein. Ich denke mir die Hölle so, dass ich unter der Aufsicht eines preußischen Landgerichtsdirektors, der nachts von einem Reichswehrhauptmann abgelöst wird, in einem Kessel koche – vor dem sitzt einer und liest mir alte Leitartikel vor. Neben dieser Vorrichtung aber steht ein Hundezwinger, darin stehen, liegen, jaulen, brüllen, bellen und heulen zweiundvierzig Hunde. Ab und zu kommt Besuch aus dem Himmel und sieht mitleidig nach, ob ich noch da bin – das stärkt des frommen Besuchers Verdauung. Und die Hunde bellen...! Lieber Gott, gib mir den Himmel der Geräuschlosigkeit. Unruhe produziere ich allein. Gib mir die Ruhe, die Lautlosigkeit und die Stille. Amen.«

So träumte offenbar auch der umtriebige Feuilletonist der hektischen Weimarer Republik, jener blutig-goldenen

»Roaring Twenties«, die im Naziterror endeten, von jenem seligen Moment der Abwesenheit allen Gelärmes, vom Augenblick, da sich Körper, Geist und Seele endlich frei entfalten können, Entspannung sich wie von selbst mit Konzentration verbindet und überirdisches Schweben mit der Klarheit des freien Gedankens.

»Nicht das Erschlaffen der Menschheit in Wohlleben ist zu fürchten, sondern die wüste Erweiterung des in Allnatur vermummten Gesellschaftlichen, Kollektivität als blinde Wut des Machens«, ahnte schon Theodor W. Adorno in seinen »Minima Moralia. Reflexionen aus dem beschädigten Leben« aus dem Jahre 1951. »Wenn hemmungslose Leute keineswegs die angenehmsten und nicht einmal die freiesten sind, so könnte wohl die Gesellschaft, deren Fessel gefallen ist, darauf sich besinnen, dass auch die Produktivkräfte nicht das letzte Substrat des Menschen, sondern dessen auf die Warenproduktion historisch zugeschnittene Gestalt sind.«

Im Gegensatz zu den Futuristen vom Anfang des zwanzigsten Jahrhunderts, die mit dem Lärm der modernen Maschinen in die Zukunft stürmen wollten, nimmt sich Adornos Vision »Sur l'eau« fast wie ein Stillleben aus: »*Rien faire comme une bête*, auf dem Wasser liegen und friedlich in den Himmel schauen, ›sein, sonst nichts, ohne alle weitere Bestimmung und Erfüllung‹ könnte an Stelle von Prozeß, Tun, Erfüllen treten und so wahrhaft das Versprechen der dialektischen Logik einlösen, in ihren Ursprung zu münden. Keiner unter den abstrakten Begriffen kommt der erfüllten Utopie näher als der vom ewigen Frieden.«

Solange wir noch nicht so weit sind, bleibt nur, es dem alten Römer Seneca gleichzutun. Ganz traute er seiner eigenen, nahezu übermenschlichen Gelassenheit nämlich selbst nicht, und so empfahl er als letztes Mittel gegen überbordenden Lärm den geordneten Rückzug:

»Eben deshalb werde ich diesen Ort verlassen.«

Da kommen wir gerne mit.

Der natürliche Lebensraum des Störers

Gelegenheiten, Orte und Verhältnisse

Im Büro oder
Hilflos am Kopierer

Im Büro findet der Störer sein ideales Betätigungsfeld. Das hat einen ganz natürlichen Grund: Er verhält sich biodynamisch und ergonomisch – wie ein Hausschwamm oder eine Seealge. Haben die sich erst einmal im Gemäuer oder am Meeresgrund festgesetzt, wird man sie so gut wie nie wieder los. Wo immer sonst man der Störerspezies ausweichen kann – am Arbeitsplatz hat man keine Wahl, es sei denn, man reicht gleich selbst die Kündigung ein. Aber wer macht das in diesen Zeiten. So heißt es durchhalten und aussitzen.

Zusätzlich wird das Problem dadurch verschärft, dass man es zuerst gar nicht bemerkt. Denn der Störer schwimmt wie ein Fisch im Wasser – ähnlich der Seealge im Ozean.

In gewisser Weise ist er sogar die Seele des Büros. Er gehört zum Inventar wie Konferenztisch, Kopierer und Kaffeemaschine. Er wuselt geschäftig durch die Gänge, sagt Neulingen schon am ersten Tag, wo die Toilette ist, kennt jeden, weiß alles und gibt sich gern als alter Hase, dem man nichts vormachen kann.

Klar, dass alle auch ihn kennen, und dem Neuling fällt er zunächst auch gar nicht negativ auf. Seine mulchartige Glätte bietet keine Angriffsfläche und hinterlässt kaum sichtbare Spuren. Im Laufe der Zeit aber offenbart sich seine wahre Natur: Er ist ein kleiner Westentaschenintrigant. Natürlich hat er nicht die Macht, die mit dem strate-

gisch oder taktisch eingesetzten Mobbing durch die Chef-
etage zu vergleichen wäre, mit dessen Hilfe in Krisenzeiten
ganze Abteilungen leer gefegt werden können. Aber er
kann den Büroalltag vergiften. Tröpfchenweise. Merkwür-
digerweise bleibt er selbst meist ungeschoren, weil er den
Typus des modernen Untertanen verkörpert. So beneidet
er nicht etwa den Chef mit Dienst-Mercedes, Luxusweib,
Ferienhaus und Segelboot, sondern jene Kollegen, die es
gerade ein bisschen besser getroffen haben als er selbst,
die ein bisschen klüger und kompetenter sind, denen die
Arbeit leichter und schneller von der Hand geht; Kollegen,
die Ideen haben und sogar Vorschläge machen, dieses und
jenes zu ändern; Kollegen, die nicht am Arbeitsplatz kle-
ben wie Taubendreck an der Fassade und sich in stillen
Sekunden sogar ein ganz anderes Leben vorstellen können, ein Leben außerhalb des Büros.

Diese nachgerade unnatürliche Vorstellung ruft naturge-
mäß den Störer auf den Plan. Denn sein Reich ist das
Büro, er hat nichts anderes. Seine Welt ist die Welt der
Firma. Ihre Gesetze gelten immerdar, und wer sich gegen
sie stellt oder sie auch nur nicht ganz so wichtig nimmt,
der ist und bleibt ein Fremdkörper, ein Alien, jemand, der
sich wohl für was Besseres hält.

So verteidigt der kleine Berufsintrigant und Untertan vom
Dienst sein autochthones Lebensumfeld gegen jene Eindring-
linge, die den Bürohorizont fahrlässig oder gar absichtlich so
weit aufreißen, dass ein unangenehmer Zugwind entsteht,
der von draußen kommt, aus der wirklichen Welt. Das zent-
rale Kampfmittel des kleinen Bürofeiglings ist das Gerücht,
das er streut. Unauffällig verstärkt er bürotypische Ressentiments und die Wellenbewegungen in der Verteilung von
Gunst und Missgunst. Wie ein Schmierlappen über den glän-
zenden Cheftisch surft er auf der Amplitude der Niedertracht.

Wer eben noch in der strahlend hellen Sonne des Chefs
stand, kann morgen schon umso tiefer ins schwarze

Nichts fallen, und im Büro findet sich immer ausreichend Begleitpersonal für den Sinkflug. Blitzschnell wittert es zugleich eigene Chancen für den Aufstieg. In der vielfältigen Fauna des Großbiotops Büro existieren selbstverständlich ungezählte andere Störerarten nebeneinander.

Da gibt es jene Helden der Arbeit, die angesichts jeder kleinen Aufgabe tagelang durch die Gänge laufen und gut hörbar stöhnen, welch schwere Herausforderung vor ihnen liege. Selbst Routineangelegenheiten mutieren da zu einer Weltenlast, und während sie das ganze Büro in Atem und die Kollegen von der Arbeit abhalten, verfolgen sie geschickt ihre Kommunikationsstrategie. Sie zerreißen sich geradezu für die Firma, und der Chef sieht es mit Wohlgefallen. Schöner Nebeneffekt: Bei derart viel Leiden, so die subtile Botschaft, kann nur Großes entstehen. Und wenn doch nicht, hat man wenigstens sein Bestes gegeben.

Andere Mitarbeiter, die auch schwierige Arbeiten mal eben übers Wochenende erledigen und dafür am Montagnachmittag ein paar Besorgungen machen, stehen schnell als Gebrüder Leichtfuß da, die das »Commitment« fürs große Ganze vermissen lassen.

Diesen Verdacht lässt der XXXL-Ego-Booster erst gar nicht aufkommen. Seine Arbeitsfreude ist leicht nachzuprüfen: Am Telefon redet er so laut und vernehmlich, dass im Umkreis von 50 Metern jedes Wort mitstenografiert werden kann. Notorisch gut gelaunt macht er sich Tag für Tag ans Werk, und auch jene, die morgens um neun noch gar nicht wissen wollen, wie toll die Welt ist und wie supermotiviert der Kollege, können sich der geradezu physikalisch messbaren Ausbreitung seines monströsen Selbstbewusstseins nicht entziehen. Jedes Zeichen von Distanz beantwortet er mit einem neuen Schwall aus Frohsinn und Selbstbegeisterung.

Nicht zu vergessen sind auch notorische Störertypen wie der Rückseiten-Faxer, Angestellte, die es auch nach Jahren nicht hinkriegen, ein Blatt Papier richtig herum ins Faxgerät einzulegen. Vom gleichen Stamme kommen die geborenen Kopiererstauchaoten, deren rührende Hilflosigkeit rund um die Bürotechnik (Beamer!) gleich wieder zur emotionalen Waffe im Kampf um die soziale Anerkennung umgeschmiedet wird.

Die extrem geschäftigen Besprechungsprofis wiederum sorgen dafür, dass ihr Terminkalender von morgens bis abends mit Meetings und Konferenzen voll gestopft ist: ein Tätigkeitsnachweis erster Güte. Zwar haben sie kaum je etwas Produktives beizutragen, schon gar keine neuen Ideen, aber alleine ihre physische Anwesenheit signalisiert: Ich bin an Bord, ich gehöre zum Team!

Und so viel ist sicher: Im Büro gilt Anwesenheitspflicht. Da heißt es: Hier geblieben! Das Wort Arbeitsplatz wird noch wörtlich genommen. Er ist ein Sitzplatz, digitale Welt hin oder her. Körperliche Präsenz ist das A und O, und wer da zu spät kommt oder manchmal auch gar nicht, den bestraft das Leben.

Das Allerheiligste des Büros ist die Konferenz, das Meeting, die Besprechung – die Krone der körperlichen Anwesenheitspflicht. Hier wird gerne Arbeit simuliert und Bedeutung vorgetäuscht. Ständig muss irgendetwas abgestimmt, abgesprochen, präsentiert, debattiert und koordiniert werden. Jeder hat ganze Stapel Papier vor sich liegen, immer wieder summt und piept ein Handy, es wird getuschelt und gelacht, aber auch ganz ernsthaft nachgedacht und angestrengt geguckt.

Am Ende verabredet man sich zur nächsten Konferenz. Motto: Das nächste Follow-up kommt bald. Dann werden endlich Nägel mit Köpfen gemacht.

Und schon ist wieder Mittag. Mahlzeit! Man strömt in die Kantine, das Refektorium des Büros. Hier entfaltet sich das Menschliche, ja Allzumenschliche zur vollkommenen Blüte. Selbst der Chef isst Gulasch und bringt sein Tablett weg.

Und morgen gibt's Ratatouille mit Safranreis. Man ist ja anpassungsfähig. Bis zur Selbstverleugnung.

Im Urlaub oder
Vorm Strandkorb ist die Hölle los

Ein äußerst dankbares Terrain für alle Versuche, das Leben unerquicklicher zu gestalten als vom Schöpfungsgedanken her vorgesehen, ist der Urlaub. Dabei ist diese meist mehrwöchige Ferienzeit, die gerne im Ausland verbracht wird, eine ziemlich neue Erfindung. Erst mit der Einführung eines Rechtsanspruchs auf bezahlte Urlaubstage in den zwanziger und dreißiger Jahren des vergangenen Jahrhunderts konnten es sich normale Menschen – und nicht nur wohlhabende Bürger und Adlige – erlauben, zu Erholungszwecken zu verreisen. Auch der klassische Strandurlaub begann damals überhaupt erst, populär zu werden. Ein Großteil der Filme Eric Rohmers etwa, in denen junge attraktive Menschen in leichter Bekleidung über den weißen Sand laufen und Beziehungsprobleme besprechen, wäre zu Urgroßvaters Zeiten undenkbar gewesen.

Knapp hundert Jahre später sehen wir das Ergebnis dieser begrüßenswert hedonistischen Demokratisierung: Von Juli bis September findet eine wahre Völkerwanderung an die Meeresküsten statt. Doch auch in den Alpen und an Binnenseen wandern, klettern, climben, biken, rudern, raften, schwimmen, powerwalken und chillen Hunderttausende, was Natur, Land und Leute hergeben.

Abends werden die Restaurants gestürmt, in denen verzweifelte Servicekräfte in vielerlei Sprachen versuchen, ihre Pizza »Frutti di Mare« oder das Cassoulet Provencale an den hungrigen Mann und seine Frau zu bringen, deren Dekolleté meist schon am ersten Tag in unterschiedlichen Rot- und Brauntönen changiert.

Doch Hauptsache, die Tischdecken sind kariert. Den Rest erledigen Olivenölflaschen mit Bastmäntelchen und

Steinkrüge, die so aussehen, als seien sie gerade gestern in mehreren gefahrvollen Tauchgängen vom Meeresboden geholt worden. Dass darin billiger Rotwein aus der Zweiliterflasche schwappt, merkt sowieso niemand, der den ganzen Tag in der brütenden Sonne gelegen oder bis zur Erschöpfung Kajak gefahren ist. Wichtig ist die Atmosphäre. Und die muss südlich sein, mediterran, exotisch, nach Lavendel und Kräutern der Provence duften. Und vor allem muss es draußen sein, unter Weinlaub oder Palmen, zwischen Oleander und Bougainvilleen. Die Terrasse sollte aus altem Stein oder Terrakotta sein, und die nicht mehr ganz neuen Stühle dürfen durchaus ein bisschen wackeln. Dazu plätschert es aus einem alten Brunnen.

Man ist Welten von Remscheid oder Stuttgart-Degerloch entfernt und freut sich über jedes weitere Zeichen, das den Traum beflügelt, nie mehr dorthin zurückkehren zu müssen, wo die Klimakatastrophe immer schon ihr regennasses Zepter schwingt und der Winter jedes Jahr länger zu werden scheint.

Gut, allerfrühestens Ende nächster Woche. Dann ist wieder Kegelklub.

Die Königsarena des Urlaubs aber ist und bleibt der Strand, ein Dorado für jede Sorte Mitmenschen. Gerade in den mediterranen Ländern ziehen Millionen von Familien im Sommer mit ihrem halben Hausrat aus der Stadt ans Meer.

Die ganze Gesellschaft geht dann praktisch barfuss oder läuft in Sandalen herum, trägt Shorts und Sonnenbrille und baut an den Sandburgen ihrer sozialen Kommunikation.

Was den Deutschen ihr Handtuch sein mag, das sie als Zeichen der Eroberung über Liegestühle und anderes Bademobiliar zwischen Pool und Ozean werfen, das ist den Franzosen jene hochmobile Infrastruktur, die sie dazu befähigt, auch unterwegs jederzeit und an jedem beliebigen

Ort ein komplettes Menu servieren zu können – und sei es direkt am Straßengraben. Oder am Strand.

Da macht es auch nichts, wenn sich gerade zwei junge Sonnenanbeterinnen so nahe ans plätschernde Gestade gelegt haben, dass die salzigen Fluten ihre zarten Fußsohlen benetzen. Nur zwei Handbreit daneben rammt Vater François den ersten Sonnenschirm in den brennend heißen Untergrund. Einen guten Meter entfernt steht bald der zweite Schirm, um ja keine UV-Strahlung durchzulassen, während die riesige Kühltasche mit Vorräten für mehrere Tage schon auf sicherem Fundament ruht. Eine Art Umzäunung aus einer blauweiß gestreiften Stoffplane arrondiert das acht bis zehn Quadratmeter große Gelände, das rasch mit zwei komfortablen Klappstühlen, Badetüchern und einem beeindruckenden Tisch komplett ausgefüllt ist. Bereits nach einer guten Viertelstunde hat sich das französische Rentnerpaar paramilitärisch eingegraben.

Keinen Gedanken aber verschwenden die offenkundig noch vom Stellungskrieg rund um Verdun geprägten Strandstrategen daran, dass die beiden Bikini-Grazien sich womöglich durch den Aufbau dieser Trutzburg beim Sonnenbaden bedrängt oder gar bedroht fühlen könnten. Stattdessen packen sie »Paris Match« und andere strandkompatible Leichtlektüre aus und vertiefen sich, die Beine schön hochgelegt, in die neuesten Klatschnachrichten über Carla & Sarko, Gerard Depardieu und Caroline von Monaco. Das Spießeridyll ist perfekt.

Die jungen Damen aber können es nicht fassen.

Diese Chuzpe, diese Unverschämtheit, diese Empfindungs- und Distanzlosigkeit. Obwohl der Strand ziemlich voll ist, wären gut und gerne noch ein oder zwei Meter Abstand drin gewesen. Aber nein, hier geht es nur um das eigene Recht, um das archaische Bedürfnis, sich auszubreiten, das Terrain zu markieren und sich in der eigenen Höhle festzusetzen wie für die Ewigkeit. Ohne Rücksicht auf Verluste, ohne Erbarmen und ohne jedes Bewusstsein für die Welt außerhalb der Ego-Höhle mit Selbstverteidigungszaun.

»Wenn man am Strand auch in erster Linie ausspannen will und soll, darf das ›Sichgehenlassen‹ doch nicht so weit führen, dass man durch Formlosigkeit oder Rücksichtslosigkeit Anstoß erregt«, wusste 1955 schon das »Einmaleins des guten Tons«, ohne zu ahnen, dass solche Ratschläge ein halbes Jahrhundert später nur noch einen unfreiwillig komisch-parodistischen Wert haben würden. »Auch im Strandkorb, in der Sandburg kann guter Geschmack im äußeren Erscheinungsbild sich bewähren, auch dort gilt es, auf die Mitmenschen, ihr Ruhebedürfnis und ihren ›Willen zur Einsamkeit‹ Rücksicht zu nehmen.«

Der Wille zur Einsamkeit hat in den letzten Jahren ohne Zweifel dramatisch gelitten. An der Cote d'Azur findet er auch nicht unbedingt seine idealen Entfaltungsmöglichkeiten. Dafür ist der Wille zu Form- und Rücksichtslosigkeit inzwischen derart zur vorherrschenden Antriebsquelle des touristischen Treibens geworden, dass schon die Vorstellung, man könne in südlichen Urlaubsgefilden irgendwo erholsame Einsamkeit, Ruhe und Stille finden, absurd und utopisch anmutet.

Den Rest besorgt die Ästhetik des Schreckens, die Bekleidung der modernen Höhlenmenschen zwischen Hawaii-Hose und weißen Socken, lila Tanga und Muscle-Shirt.

Nachdem die erste Schockstarre gewichen ist, nehmen die beiden jungen Damen ihre Handtücher und verlassen den unwirtlichen Ort. Demokratie ist eben nicht überall schön.

In der Familie oder
Fluch und Gnade der Schöpfung

Die Familie ist die Zentralzentrifuge aller Störerpopulationen. Hier wird zusammengebraut, was später Straßen und Plätze unsicher macht, Mitreisende belästigt, am Strand randaliert, im Büro schlechte Laune verbreitet und Nachbarn in den Wahnsinn treibt. Hier wird ausgebrütet, was auch die aufgeklärteste Gesellschaft nicht mehr korrigieren kann. Die Familie ist die Keimzelle des allernächsten Mitmenschen, dem man nur zu gerne für immer aus dem Weg gehen würde. In ihr konzentriert sich die Produktion aller Anlagen für das spätere Sozialverhalten in Bussen und S-Bahnen, in der Schule, im Schwimmbad und beim Langstreckenflug nach Australien.

Dabei ist der Weg von der Heiligen Familie in Bethlehem bis zur sonntäglichen Grillgemeinschaft auf der Reihenhausterrasse historisch weit – moralisch aber oft erschreckend kurz. Was einst als Wunder begann, das der Erzengel Gabriel verkündete, endet längst schon in der Hölle von Schweinenacken, Ketchupflecken und sozialer Verwahrlosung, im Terrorzusammenhang der Kleinfamilie, die sich ihr eigenes Gefängnis baut und so die gewaltsamen Ausbrüche der Zukunft und jene lebenslang wirksamen Neurosen programmiert, die später kaum noch zu heilen sind. Niemand kann die Psychoanalyse- und Therapiestunden zählen, in denen schwer gestörte Vater-Tochter- oder Mutter-Sohn-Beziehungen notdürftig repariert werden müssen. Oft dauert es Jahrzehnte, bis aus einer mit Minderwertigkeitskomplexen behafteten Tochter eine halbwegs selbstbewusste Frau, aus einem verklemmten Söhnchen ein einigermaßen souveräner Mann wird, auch wenn er sich nach wie vor standhaft weigert, den väterlichen Fleischereibetrieb zu übernehmen.

Systematisch werden Kinder zu passionierten Störern und kleinen Terroristen herangezogen, die den Binnendruck der Familie oder sein genaues Gegenteil, die Abwesenheit jedweder Ordnung und Orientierung, ungefiltert nach draußen weitergeben, Amokläufe am Computer planen, mit hochgerüsteten Killerbikes die Verkehrssicherheit unterminieren und schreckliche Hüfthosen tragen, deren Bund den letzten Halt allenfalls in der Kniekehle des fünfzehnjährigen Nutella-Monsters findet.

Dabei wurden, jedenfalls in Europa, Kinder überhaupt erst im Laufe des 19. Jahrhunderts als halbwegs eigenständige Persönlichkeiten wahrgenommen, die Aufmerksamkeit, Schutz und Anerkennung verdienen. Wie lang der Weg zur selbstverständlichen Würde des Einzelnen war, verdeutlicht schon ein kurzer Blick in die »Geschichte des privaten Lebens« (Philippe Ariès/Georges Duby, 1993), die Beschreibung des Alltags einer italienischen Familie um 1900: »Meine Mutter hat nie mit uns am Tisch gesessen. Nicht einmal sonntags. Sie ist in der Küche geblieben und hat in der Küche gegessen.« Eine andere Frau erzählt: »Ich weiß noch, wie wir uns abends in der Küche auf den Boden gehockt haben, um zu essen. Wir haben mit den Fingern gegessen, Gabeln gab es nur für die Männer.«

Dann kam der Fortschritt. Kühlschränke und Geschirrspüler, die Pille und der Minirock, der zweite Bildungsweg und Loriots Jodeldiplom: Die Frau hatte endlich was Eigenes.

Nicht einmal hundert Jahre, nachdem sie noch auf dem Boden speisen mussten, dürfen die Frauen im Wohnzimmer mit am Tisch sitzen und mit Messer und Gabel essen. Und auch sonst fast alles, was Männer dürfen. Geht es allerdings nach der einstigen »Tagesschau«-Sprecherin Eva Herman, dann sollen sie immer noch die »Gnade der schöpfungsgewollten Aufteilung« spüren, die ihnen »von der Natur zugedachten Aufgaben« erfüllen, die flagrante

»Entweiblichung« stoppen und die Familie wieder ins jahrtausendealte Recht setzen: »Wer einmal den Wert häuslichen Friedens in Harmonie und Wärme kennenlernen durfte, einen Ort, der Sicherheit, Glück und Seelenfrieden gibt, weiß, wovon die Rede ist.«

Das Problem ist: Wer einmal den wahren Wert häuslichen Friedens in Harmonie und Wärme kennenlernen durfte, will so etwas nie wieder erleben. Gewiss, die subjektiven Erfahrungen mögen sehr unterschiedlich sein und man möchte niemandem zu nahe treten, doch der Polizeibericht und das Einsatzprotokoll der Feuerwehr lügen nicht. Pünktlich zu Weihnachten, dem höchsten Fest der christlichen Familie, herrscht dort regelmäßig höchste Alarmstufe, ein permanenter Ausnahmezustand. Das gilt auch für Seelsorgestellen aller Art. Die Betrunkenen und Verletzten werden erst einmal in die Notaufnahme gebracht, gewalttätig gewordene Brüder und Väter mit Schlagwerkzeugen, Schusswaffen und Messern kommen in die nächstgelegene Zelle.

Seien wir ehrlich: Es ist auch kein Wunder, dass in diesem geschlossenen, tannenbaumbestandenen Stollen- und Zimtzipfel-Kosmos aggressive Ausbrüche gleichsam naturnotwendig vonstattengehen, wobei die Anlässe recht beliebig sind. Wie durch ein Überdruckventil verschaffen sich viele, im Alltag verdeckte Konflikte Luft. Statt sich über die Botschaft der Liebe Jesu Christi zu freuen, streitet man sich über die korrekte Zubereitung des Gänsebratens und das richtige Geschirr. Während der eine Sohn die Boxen zu Uriah Heeps Megahit von 1971 »Lady in Black« zum zwanzigsten Mal an diesem ersten Weihnachtsfeiertag auf voll wummernde Lautstärke dreht, debattiert der andere mit dem Vater, der gerade die selbst hergestellten Kartoffelklöße mittels eines mittelalterlich anmutenden Presssacks »ausdrückt«, leidenschaftlich und kaum weniger lautstark über die Gefährlichkeit der Atomenergie.

Kurz darauf gellt ein Schrei aus der Küche – Mutter hat sich beim Herausnehmen des schweren Bräters verbrannt, was den immer noch mit der manuellen Kartoffelkloß-Entwässerung beschäftigten Vater zu einem seiner gefürchteten Wutausbrüche veranlasst: »Wieso hast du nicht die Handschuhe genommen?! Ich sag's ja: Technik und Frauen. Es ist immer dasselbe!« Kurz darauf klingelt es – wie immer: zu früh – und die liebe Verwandtschaft steht, schon sichtbar hungrig, vor der Tür. Wenige Stunden später verteilt sich die familiäre Feiergemeinschaft auf die bereitstehenden Sessel und Sofas, völlig übersättigt, erschöpft und schlecht gelaunt.

Die lähmende Schwermut, die fast schon depressive schwarze Leere der nicht enden wollenden Weihnachtsfeiertage, die nur durch die gleichfalls schwergängigen Mahlzeiten strukturiert werden, hat schon Hunderttausende Opfer des christlichen Familienfriedens in die Flucht getrieben. Egal wohin, bloß weg, und sei es die nächste Dorfkneipe oder auf jenen Berg, den man schon als Kind Woche für Woche zwangsweise besteigen musste. Nun wird er zum Gipfel der Befreiung.

Und nicht nur flüchtig erinnern wir uns daran, warum Ende der sechziger, Anfang der siebziger Jahre Tausende junger Leute es gar nicht abwarten konnten, von zu Hause auszuziehen, manche schon mit sechzehn, siebzehn, andere ein paar Jahre später. Nicht wenige brachen sogar für lange Zeit ihren Kontakt zur Familie völlig ab und trampten durch die Welt, wo sie manchmal Ersatzfamilien fanden: griechische Schäfer mitsamt ihrer Herde, französische Weinbauern oder balinesische Palmherzenpflücker. Viele Familienflüchtlinge zogen in eine Wohngemeinschaft und suchten ein anderes, freieres Leben: Sie hatten es zu Hause einfach nicht mehr ausgehalten, an jenem »Ort, der Sicherheit, Glück und Seelenfrieden gibt«.

Um das Desaster wenigstens im Nachhinein zu verstehen, las man Wilhelm Reich, Erich Fromm und Theodor W. Adorno. In zahlreichen Studien hatten die berühmten Psychoanalytiker, Soziologen und Philosophen die »patriarchalische Zwangsfamilie« als »Keimzelle des Staates« entlarvt, in der der »autoritäre Charakter« geradezu systematisch herangezüchtet werde. So würde stets aufs Neue jene »autoritäre Persönlichkeit« (Adorno) erzeugt, deren innerster Antriebskern aus einer teils unbewussten Sehnsucht nach Gehorsam und Unterwerfung bestehe, gewaltsame Ausbrüche und faschistoide Machtfantasien inbegriffen.

Um gegen diese verhängnisvolle Produktion neurotischer Zwangscharaktere durch die bürgerliche Familie wenigstens ein unmissverständliches Zeichen zu setzen, stellte man als akute Sofortmaßnahme die größten Boxen, die in der Wohngemeinschaft aufzutreiben waren, ins offene Fenster und beschallte stundenlang die Nachbarschaft, um noch einmal das Protestprogramm »Epater le Bourgeois!« aufzulegen.

Und so schließt sich auf wundersame Weise der Störerkreis. Die Familienaufstellung ist perfekt.

Einen historischen Fortschritt aber gilt es festzuhalten: Heutzutage kommt erst einmal die Supernanny von RTL ins Haus – zur Störerprophylaxe.

Im Fernsehen oder
Germany's Next Superdepp

Homo homini Twitter. In Zeiten digitaler Kommunikation ist der Nächste immer auch der Übernächste und Überübernächste, kurz: Der Mitmensch ist auch 2.0, also virtuell unterwegs und tritt in allen erdenklichen Formen und Gestalten auf. Er macht sich auf Facebook und Twitter breit, er bloggt und postet, stellt schmutzige Handyvideos auf Youtube und »forwarded« Bilder, die andere Leute in peinlichen Posen zeigen. Er surft, googelt und recherchiert im »Netz« und ist manchmal gar nicht mehr wegzukriegen aus dem imaginären Bannkreis seines Rechners, ob Laptop, iPad oder iPhone, der sein halbes Leben bedeutet.

Doch auch das gute alte Fernsehen schafft immer noch seine eigenen imaginären Realitäten. Freilich vollziehen sich selbst dort rasante Veränderungen. Für meine Großmutter war es einst noch selbstverständlich, dass sie sich am Samstagabend ausgehfein machte, bevor sie im Fernsehsessel Platz nahm. Keinesfalls wollte sie Peter Frankenfeld, der im ZDF seine legendäre Unterhaltungsshow »Vergissmeinnicht« präsentierte, in respektloser Freizeitkleidung gegenübertreten. Da sein charmantes Lächeln und seine Witze natürlich allein ihr persönlich galten, versuchte sie alles, um sich als würdige und stilvolle, ästhetisch ebenbürtige Partnerin zu verhalten.

Hier war der Mitmensch im Fernsehen also eine romantische Affäre. Ein paar Jahrzehnte später ist er eher Zuchtmeister und Juror, Richter und Supernanny. Der emotionalen Affinität der Fernsehzuschauer zu ihren TV-Stars schadet das aber offensichtlich nicht. Das Verhältnis ist nur irgendwie komplizierter geworden als bei der verliebten Oma auf dem Sofa – und es wird tatsächlich zunehmend »interaktiv«.

In den unzähligen Castingshows wie »Germany's Next Topmodel« oder »Deutschland sucht den Superstar« werden mit gigantischem Aufwand schräge Scheinwelten aufgebaut, deren Kontakt mit der Wirklichkeit über zwei kommunizierende Röhren verläuft: über Geld und Gefühl – das Geschäft mit der Quote und die Kalkulation mit den archaischen Bedürfnissen der Menschen nach Liebe und Bestätigung, Erfolg und Erfüllung aller denkbaren Sehnsüchte. Wer eben noch vor der Glotze hing, bewirbt sich beim nächsten Mal selbst: Volksfetisch »Superstar«.

Auch jene, die Heidi Klums Quietsche-Stimmchen so wenig ertragen wie ihre nassforsch blonde Domina-Attitüde und Dieter Bohlens Macho-Sprüche, lassen sich, abgesehen von optischen Reizen, immer wieder von dem perfekt inszenierten Konkurrenzkampf faszinieren, bei dem es zugleich um alles und nichts geht, um vermeintlichen Weltruhm und puren Unfug, um eine »Schicksalsentscheidung« und fette Werbeeinnahmen für den Sender. Motto: Des einen Schande sei des anderen Spaß, der Untergang des einen der Triumph des anderen. Ein eher unangenehmer Zug des menschlichen Charakters wird hier zur zentralen Botschaft gemacht: Homo homini Arschloch.

Der berühmte Satz von Max Horkheimer und Theodor W. Adorno, Unterhaltung sei »Massenbetrug im Zeichen der Aufklärung«, war gewiss immer schon diskussionswürdig in seinem tiefschwarz gefärbten Kulturpessimismus. Doch Adorno kannte Heidi Klum noch nicht, weder Marco Schreyl noch Nina Eichinger, nicht Dirk Bach noch Nazan Eckes oder Gülcan, Alida, Sonya und all die anderen TV-Homunculi. Lebte er noch und würde er dieser herausgeputzten Zwergenriege auch nur wenige Minuten zusehen, dann wäre sein Urteil über die verhängnisvolle Entfremdungswirkung der kapitalistischen Kulturindustrie wohl noch viel gnadenloser ausgefallen als in der Mitte des vergangenen Jahrhunderts: »*Was sie als Wahrheit*

*draußen auslöscht, kann sie drinnen als Lüge beliebig repro-
duzieren.«*

Keine Frage: Die avancierten Fernsehformate der Gegenwart greifen noch viel radikaler ins Alltagsleben ein als
ehedem Frankenfeld, Kulenkampff, Thoelke & Co. Doch
auch jene Zuschauer, die sich nicht selbst in mörderisch
hohen Pumps auf den Castinglaufsteg begeben oder freiwillig ins »Big Brother«-Haus mit »Porno-Klaus« ein-
schließen, werden immer mehr Teil einer »gespenstischen
Wirklichkeitsverdünnung« – so bezeichnete der verstorbene Autor Dietrich Schwanitz diesen schwer fassbaren
Vorgang vor einigen Jahren.

Die Hölle dieser entwirklichten, geistig-moralischen
Selbstauszehrung ist der Samstagabend. Wehe dem Un-
glücklichen, der zu dieser Zeit krank im Bett liegt oder von
Freund oder Freundin versetzt wurde! Wehe dem, der gerade eine fesselnde Lektüre beendet hat und für Neues
noch nicht bereit ist oder sonstwie weltverloren im Wohnzimmer hockt statt sich dem wirklichen Leben draußen
hinzugeben! Wehe ihm!

Das Fernsehen, in guten Augenblicken immer noch Hüter
der versprengten modernen Seelen und Kaminfeuer unserer
Zeit, stürzt den Einsamen an diesem Tag jedenfalls nur in
noch tiefere Verlorenheit. An einem beliebigen Samstag
2010 etwa konkurrierte der „Musikantenstadl« gegen »Die
25 spannendsten DSDS-Momente aller Zeiten«, »Basil, der
große Mäusedetektiv« gegen »Ein Kessel Buntes«, »Fastfood
oder Feinkost – wie kocht Deutschland?« gegen »Woran
dein Herz hängt« – überall nichts als melodramatischer
Kitsch, lärmende Ödnis und grellbunte Tristesse.

Selbst die dritten Programme der ARD, hier und da noch
stille Retter in der TV-Wüste, bieten unter dem Siegel der
Heimatliebe weithin geballte Trostlosigkeit und die heillose
Ästhetik provinziellen Schreckens, allen voran der säch-
sisch-thüringische MDR und das Hessische Fernsehen.

Längst hat auch hier der Samstagabend im deutschen Fernsehen Signalcharakter. Das Niveau des Programms sinkt auf breiter Front, und der Kampf um die Quote nimmt immer absurdere, fast religiöse Züge an. »Der Samstag ist der Faschist unter den Wochentagen«, sagte einst der Kabarettist Matthias Beltz, und er hatte recht: Am Samstagabend zeigt das Fernsehen seine hässlichste Fratze. Sie ist billig und gemein, penetrant gegenwärtig und geschichtslos: einfach nur deprimierend.

Das Einzige, was am deutschen Samstagabend stimmt, ist die Einschaltquote. Millionen können nicht irren, wetten, dass...? Dass die mit Werbung finanzierten Kommerzsender wie RTL, Sat.1 und ProSieben unentwegt nach gut verkäuflicher TV-Ware fahnden, liegt auf der Hand, so unschön der Drang nach den vermeintlich allerletzten Tabubrüchen im Namen der Zuschauerbedürfnisse auch sein mag. Doch längst schon haben auch die öffentlich-rechtlichen Großsender ARD und ZDF den Ehrgeiz entwickelt, im gnadenlosen Rennen um die Zuschauergunst mitzuhalten, koste es, was es wolle. Obwohl mit milliardenschweren Gebühreneinnahmen und einem Rundfunkstaatsvertrag ausgestattet, der die Information zur Königsdisziplin erklärt, kopieren sie nur zu gern die massentauglichen Programmideen der Privatsender.

»Me-too-Projekte« nennt das ZDF-Intendant Markus Schächter jargontreu – Talkshows, Castingshows, Quizshows, Gameshows, Ostalgieshows und seichte Fernsehfilmchen unter Palmen, dazu stunden-, ja tagelange Sportberichterstattungs-Teppiche, in denen vom einwärts auswärts gesprungenen doppelten Rittberger in Stockholm bis zum Stock-Curling in St. Moritz rein gar nichts ausgelassen wird und das Restprogramm auf fünfminütige Kurznachrichten schrumpft. Allein gänzlich unterirdische Sendeformate wie »Big Brother« oder »Dschungelcamp« überlassen ARD und ZDF einstweilen noch den privatwirtschaftlichen Kanalarbeitern des abgründigen Geschmacks. »Eine systematische Spekulation der Fernsehsender auf die Dummheit des Zuschauers« nannte die »Zeit« jene besinnungslose Verramschung letzter Bildungsreste, wie sie etwa bei der berüchtigten ZDF-Reihe »Unsere Besten« geschieht. Und tatsächlich gab es in den letzten Jahren kaum ein anschaulicheres Beispiel für die skrupellose Verpanschung all dessen, was einmal mit »Kultur« bezeichnet wurde als das »Ranking« deutscher Geistesgrößen. »Goethe im Sinkflug« meldete Moderator Steffen Seibert, inzwischen Regierungssprecher, nach der letzten Zuschauerbefragung in der Manier eines Sportreporters, und tatsächlich, der Dichterfürst aus Weimar landete am Ende nur auf Platz 7 – weit abgeschlagen hinter Willy Brandt und Konrad Adenauer.

Das, was der österreichische Schriftsteller Thomas Bernhard eine »Widerwärtigkeit« genannt hätte, besteht hier in der ebenso besinnungs- wie skrupellosen, ebenso steindummen wie absolut unverschämten Vergleichgültigung und Verramschung all dessen, was irgendwie mit Geist, Kritik, Intellekt, mit Geschichte, Gefühl und Geschmack zu tun hat.

Nicht um wohlfeile Kulturkritik geht es hier, die gar nichts unterhalb von Thomas Mann gelten lässt, sondern um ganz persönliches Leiden. Es lässt sich auf einen Begriff bringen: Mit der virtuellen Entkernung der Wirklichkeit wächst spiegelbildlich die Kernerisierung des Fernsehens – jener Geisteszustand also, in dem die Gefahr einer nuklearen Katastrophe genauso ernsthaft behandelt wird wie neue Frühlingsdiäten und die Frage, ob Religion glücklich macht.

Wie schön hatte es da Oma auf dem Sofa. Sie durfte noch träumen.

In der Beziehung oder
Wer dreht sich denn nach Blondinen um?

Es ist herrliches Sommerwetter. Zwischen den sachte schwankenden Segelmasten im Hafen versinkt allmählich die Sonne im Meer, und die frischen Austern sind, gottlob, erst zu einem Viertel geplündert. Anschließend muss der Thunfisch vom Grill dran glauben, dann die Crème brulée. Der eiskalte Sauvignon blanc perlt im Kühler vor sich hin, und die warme Luft, die sich ganz weich anfühlt, scheint fast still zu stehen. Über allem wölbt sich der dunkelblaue Himmel. Jeder Atemzug ist ein Stück vom großen Glück.

So stellt man sich das Paradies vor: wie ein Gemälde aus dem mythischen Reich Arkadiens, in dem man es sich selbst bequem gemacht hat – am liebsten bis ans Ende der Ewigkeit.

Doch das Paar am Tisch, von dessen äußerster Kante aus sogar die Fische im Wasser zu sehen sind, die frech nach Essensresten schnappen, hat kein Auge für den Zauber des Moments. Es stiert ins Leere und schweigt sich gnadenlos an.

Die Hölle, das ist der Augenblick, der nicht vergeht. Personalchefs großer Unternehmen haben so was trainiert: Schweigen, bis es wehtut. Wer verliert zuerst die Fassung?

Immerhin sitzen die beiden nicht auf dem Trockenen, doch minutenlang kommt kein Wort über ihre Lippen, und während die Frau reglos den Möwen hinterherschaut, die kreischend ihre Bahnen ziehen, konzentriert sich der Mann ganz auf die handwerkliche Herausforderung des Abends. Stück für Stück räumt er, ausgiebig schlürfend, die Meeresfrüchteplatte ab, knackt mit Hingabe den halben Hummer und pult geduldig im Schneckengehäuse artverwandter Schalentiere. Dann greift er zur Serviette, nimmt das Weinglas in die Hand, trinkt einen Schluck und stellt es wieder hin. Ein kurzer Seitenblick zum Nebentisch, und schon geht es weiter mit der geräuschvollen Entblätterung des nächsten Seepferdchens, das er in die tiefgelbe Aoli-Sauce tunkt. Wenn nicht immer wieder mal der Kellner vorbeikäme, um nach weiteren Wünschen zu fragen, wäre die angespannte Stille selbst für unbeteiligte Beobachter beinah unerträglich.

Aber irgendwie halten es die beiden aus. Keiner macht den Anfang, ein Gespräch zu beginnen. Nicht mal zum Smalltalk reicht es mehr. Die Gesichter sind verkrampft, nur mit großer Anstrengung wahrt man die Form. Vom Inhalt zu schweigen. Was einmal Liebe und Leidenschaft war, zumindest gegenseitige Anziehung und Sympathie, Nähe, gar Intimität, ist nur noch sprachlose Versteinerung: eine Betäubung der Sinne. Das quälende Ende. Schneidendes Elend. Der größte anzunehmende Störfall.

Dabei ist er nur eine Variante im unendlich großen Vernichtungsarsenal, das Beziehung, Partnerschaft und Ehe bereithalten. Nirgends sonst vollzieht sich der Umschlag von Glück in Unglück, von himmlisch schwebenden Erlösungsträumen in den schwarzen Abgrund des Nichts so tief und radikal wie in der engsten Verbindung von Mensch zu Mensch.

Was die Sache noch schlimmer macht: Bedauerlicherweise verlaufen Beziehungs- und Ehekrisen nicht auf dem intellektuellen wie ästhetischen Anspruchsniveau der antiken Tragödien von Aischylos, Sophokles und Euripides, sondern meist erbärmlich, klein und hochnotpeinlich. Nicht Büchner und Brecht stehen Pate, schon gar nicht Romeo und Julia, sondern Dieter Bohlen und Sarah Connor.

Kurt Tucholsky hat jene furchtbare Ernüchterung, die so prosaisch verläuft, in einem Liebesgedicht verewigt, das gar keines sein will:

Denn säuselt im Kamin der Wind.
Denn kricht det junge Paar 'n Kind
Denn kocht sie Milch. Die Milch looft üba.
Denn macht er Krach. Denn went sie drüba.
Denn wolln sich beede jänzlich trenn –
Na, und denn – ?

In der letzten Strophe gibt der Romantiker Tucholsky selbst die Antwort:

Der Sohn haut ab.
Der Olle macht nu ooch bald schlapp.
Vajessen Kuss und Schnurrbartzeit –
Ach, Menschenskind, wie liecht det weit.
Wie der noch scharf auf Muttern war,
det is schon beinah nich mehr wahr!
Der olle Mann denkt so zurück:
Wat hat er nu von seinen Jlück?
Die Ehe war zum jrößten Teile
Vabrühte Milch und Langeweile…

Natürlich könnte man dieses schrecklich banale Drama, das nur mit einer Mischung aus spätpreußischer Disziplin und Berliner Mutterwitz zu überstehen ist, gänzlich vermeiden, wenn man von Anfang an auf Arthur Schopenhauers Lebensregeln zur Kunst des Glücks gehört hätte. So heißt es in Lebensregel Nummer 17 klipp und klar: »Weil alles Glück und aller Genuss negativer, der Schmerz aber positiver Art ist; so ist das Leben nicht da, um genossen zu werden, sondern um angetan, durchgemacht zu werden.«

Auch Nummer 16 verheißt nicht wirklich dauerhafte Freude: »In Arkadien (sic!) geboren sind wir alle, d.h. wir treten in die Welt voll Ansprüche auf Glück und Genuss und bewahren die törichte Hoffnung, solche durchzusetzen, bis das Schicksal uns unsanft packt und uns zeigt, dass nichts unser ist...«

Der Altgrieche Aristoteles schließlich, der noch ganz ohne Milliarden aus Brüssel über die Runden kam, bringt es in seiner »Nikomachischen Ethik« wieder mal am schnellsten auf den Punkt: »Nicht nach Lust, sondern nach Schmerzlosigkeit strebt der Kluge.«

Auch wenn viele diese Weisheit zu ihrem eigenen Schaden bis heute nicht teilen wollen – der große William Shakespeare hat die Sache schon vor 400 Jahren begriffen. In seinem Stück »Ende gut, alles gut« heißt es: »So viele Anfälle von Freude und Gram habe ich schon empfunden,/ dass ich nie mehr vom ersten Anblicke des Anlasses zu einem von beiden/ sogleich mich weibisch hinreißen lasse.«

Doch wer hört heute schon auf Dichter und Philosophen?

Und sprechen Sie mal ein knutschendes Pärchen im Kino auf Skakespeares kluge Verse an, das in der Reihe hinter Ihnen – zwischen Popcorntüte, Becks und Zungenkuss – von Tausendundeiner Nacht träumt, während es unentwegt befremdliche Brumm- und Schmatzgeräusche von sich gibt!

Natürlich ahnen die frisch Verliebten nicht, dass sie sich in nicht allzu fernen Tagen über die korrekte Verschlusstechnik von Zahnpastatuben ebenso streiten werden wie über die Frage, ob man zum Skilaufen lieber nach Österreich oder in die Schweiz fahren soll. Natürlich wird *sie* ihm heftige Vorwürfe machen, weil das gebuchte Ferienhaus auf Korsika nachts von Wildschweinen heimgesucht wird und der Fußweg zum nächsten Bäcker mitten durch die Macchia führt, wo riesige Insektenschwärme nur darauf warten, nackte, glatt rasierte Frauenbeine in eine hässliche Kraterlandschaft zu verwandeln; und *er* wird von ihrer Eigenart genervt sein, überall Essensreste, angebissene

Brötchen, Kuchenkrümel und aufgerissene, halb ausgelöffelte Joghurtbecher liegen zu lassen. Kaum hat er sie eingesammelt und weggeräumt, beschwert sie sich lautstark: »Ich war doch noch gar nicht fertig!« Und wie *er* ihr auf den Wecker geht, weil er schon während des Abendessens – erst recht, wenn Gäste da sind – die Teller abräumt, kaum dass die Gabel den letzten Bissen aufgespießt hat! Ob das schon ein neurotischer Sauberkeitswahn ist, eine Zwangshandlung im klinischen Sinne? Aber *sie* erst: Diese endlosen Telefonate, die ebenso unabsehbaren Shoppingfeldzüge und die Launenhaftigkeit, wenn es um Wochenendausflüge ins Grüne geht!

Am Ende werden die beiden, freilich jeder für sich, vorm Ratgeber-Regal bei Hugendubel oder Thalia landen und in aktuellen Partnerschaftsbüchern blättern: »Wie Männer ticken«, »Beziehung klären durch gewaltfreie Kommunikation«, »Ich verlasse dich: Ein Ratgeber für den, der geht«, »Angriffsziel: Frau«, »Giftige Beziehungen: Wenn andere uns krank machen«, »Wie ruiniere ich meine Beziehung – aber endgültig«.

Früher, als es noch keine Flut populärer Fachliteratur für alle Lebenslagen gab, hatte man nur die gute alte »Beziehungskiste« zur Hand. Sie gehörte einem selbst, war quadratisch, praktisch, gut, und man konnte sie überall mitnehmen, am liebsten natürlich zum Griechen um die Ecke, der damals noch ein aufrechter Antifaschist, Arbeitsemigrant und Genosse war, der von zu Hause Bauernsalat, Souvlaki und Mikis Theodorakis mitgebracht hatte. Zu den vertrauten Klängen aus der Endloskassette wurde die Beziehungskiste am blauweiß karierten Tisch dann bis in die tiefe Nacht gedreht und gewendet, von allen Seiten begutachtet, problematisiert und diskutiert: »Du, ich find das ein Stück weit schwierig, wie das in letzter Zeit mit unserer Kommunikation läuft, eigentlich ist es ziemlich scheiße!«

Wer in den siebziger Jahren des vergangenen Jahrhunderts keine Beziehungskiste am Laufen hatte, der war kein richtiger Mensch, sondern ein bedauernswerter Tropf. Denn gerade die tendenzielle Dauerkrise der Beziehungskiste, das Projekthafte, Experimentelle, nach hinten Offene der ganzen Angelegenheit machte die Sache attraktiv und spannend, gab Halt und Orientierung in der notorisch unübersichtlichen Gefühlswelt zwischen Hoffen und Bangen. So wahrte die Beziehungskiste ein gleichsam dynamisches Gleichgewicht, in dem selbst komplizierteste Verwicklungen noch einen Rest an romantischer Ausstrahlung besaßen. Kurz: Wer »Beziehungsprobleme« hatte, war ein Freund des Fortschritts, ein Mensch, der den Glauben an eine bessere Welt noch nicht verloren hatte.

Wenn es irgendwann doch so weit war, wurde er Single.

Die selbst kochende 1-Mann-Kommune reduzierte das Störpotenzial von Beziehung und Partnerschaft dramatisch. Wichtigster Programmpunkt: Meide deinen Nächsten!

Nun konnte man nur noch sich selbst auf den Geist gehen.

Dabei war entscheidend, dass die neue Freiheit des kleinen Karstadt-Zarathustra und Austern-Autonomen nicht gleich wieder mit einer vertrackten Dialektik belastet würde – mit den Fallstricken einer Schwerstarbeit am Lebensglück, die im harten Kampf um Leichtigkeit so viel Kraft kosten kann. Zudem erreicht auch der fleißigste Sisyphos am Berge KaDeWe das hehre Ziel aller Anstrengungen, die Optimierung des eigenen Lebensgefühls, stets nur für kurze Phasen im Weinberg des Herrn.

Angela Merkel würde sagen: Die Single-Existenz ist nur eine Brückentechnologie.

Doch was kommt danach? Die sozialökologisch regenerierbare Beziehung, komplett störungsfrei, ohne Nebenwirkungen und giftige Rückstände?

Kurt Tucholsky wusste es schon 1928 besser.
Für sein Gedicht »Ehekrach« hat er nur mal genau zuge-
hört.

» – *Wer* hat den Kindern das Rodeln verboten?
Wer schimpft den ganzen Tag nach Noten?
Wessen Hemden muss ich stopfen und plätten?
Wem passen wieder nicht die Betten?
Wen muss man von vorne und hinten bedienen?
Wer dreht sich um nach allen Blondinen?
 Du – !«
»Nein.«
»Ja.«

Am Schluss der Aufruf zur Versöhnung:

»Gebt Ruhe, Ihr Guten! Haltet still.
Jahre binden, auch wenn man nicht will.
Das ist schwer: ein Leben zu zwein.
Nur eins ist noch schwerer: einsam sein.«

Wir verstehen.
Also doch lieber vabrühte Milch und Langeweile.

Im Park oder
Irgendwo auf der Welt
gibt's ein kleines bisschen Glück

Es ist ja so: Manchmal sucht man einfach nur seine Ruhe. Jetzt gleich. Nur mal für ein, zwei Stunden. Einfach nur Ruhe. Nichts sonst. Nur Ruhe. Dann kommt die Gelassenheit wie von selbst zurück. Todsicher. Zu Hause tockert der Nachbar über die Dielen, vor der Tür brummt und hämmert es, die Müllabfuhr veranstaltet ihren montäglichen Staffellauf – erst bollert der Hausmüll, dann rumpelt Papier, schließlich knatschen Bio und Plastik übers Pflaster – und irgendwann ist es einfach genug. Bloß weg, irgendwo ins stadtnahe Grün, auf in den Park. Man muss sowieso noch ein Buch über die Entdeckung der Langsamkeit lesen, Flexibilität ist alles, also radelt man los. Nach zwanzig Minuten ist man da, und die grüne Wiese, umstanden von alten Bäumen, lacht einem geradezu ins bleiche Gesicht. Das wäre geschafft. Jetzt noch rasch die kleine Decke ausgebreitet, das Buch aus dem Rucksack geholt, die Sonne scheint – aaahhh, genau so soll es sein.

Aber was ist das? Von hinten ertönt ein furchtbares Geräusch, das irgendwie an das Brechen von Knochen erinnert. Aber erst einmal ist nichts zu sehen. Noch nicht. Ein paar Schritte weiter ist klar: Hier sorgt das Grünflächenamt für Ordnung in der Natur. Jede Menge Äste und Buschreste werden geschreddert. Ein kurzer Blick sagt: Das kann noch Stunden dauern. Also heißt es zusammenpacken und weiterziehen. An den kleinen Weiher zum Beispiel. Ein bisschen abschüssig ist es dort, aber allein die Enten sorgen schon für friedliche Atmosphäre. Kaum ist die Ruhestellung eingenommen, macht es von hinten *Duffduffduffduffduff*. Junge Menschen mit einem Hang zum *Abhängen* unter freiem Himmel haben ihre Lieblingsmusik ausgesucht, um die bedrückende Stille im Park ein bisschen aufzulockern. Leider kollidiert diese Absicht punktgenau mit unserem ganz speziellen Bedürfnis. Blitzartig holt uns die Erinnerung an einen vergleichbaren Vorfall ein, der sich vor Jahrzehnten in der Schweiz, am Thuner See im Berner Oberland, zutrug.

Vater hatte ein paar Jugendliche, die auf der Badewiese am Transistorradio hingen, mehrfach gebeten, die Musik etwas leiser zu stellen – leider ohne Erfolg. Kurz entschlossen griff sich der einstige Fähnrich der glorreichen Reichsmarine das Gerät und warf es gekonnt und in hohem Bogen in den blau schimmernden Alpensee. Eine derartig kompromisslos-militante Vorgehensweise gegenüber der nach Halt und Orientierung suchenden Jugend widerspricht jedoch sämtlichen sozialpädagogischen Erkenntnissen der Wissenschaft und kommt somit nicht infrage.

So geht die Suche weiter.

»Irgendwo auf der Welt gibt's ein kleines bisschen Glück ...« – jenes berühmte Lied von Werner Richard Heymann und Robert Gilbert aus dem Jahre 1931 kommt uns plötzlich in den Sinn – aber wo, bitte, ist dieses Glück denn genau? Vielleicht da hinten, im Rosengarten, wo die Sonne so schön auf die Bänke scheint? Doch schon die erste vorsichtige Annäherung offenbart die nächste Herausforderung: Ein Hund bellt. Er bellt und bellt. Ein junges Pärchen, zu dem der Kläffer gehört, spielt Tischtennis. Das Tier, mit diesem Sport bislang offenkundig wenig vertraut, bellt bei jedem Ballwechsel, den er wohl für eine besonders perfide Provokation hält. Sinnlos saust das kleine weiße Ding immer hin und her. Zur Sicherheit ist der Köter fein säuberlich angebunden worden. Man will ja nicht, dass er auf die Tischtennisplatte springt. Also bellt er. Und bellt. Im Umkreis von mehreren Hundert Metern verbreitet sich so die Atmosphäre eines Hundezwingers. Doch schon der schüchterne Hinweis auf diesen Umstand erregt den heiligen Zorn des Tischtennis-Pärchens. Wem es nicht passe, der könne ja gehen. Immer diese Störer.

»Ziehen Sie doch aufs Land!«

Aber fänden wir dort das kleine Glück der Stille?

Die Ratlosigkeit wächst, aber wir geben nicht auf. Nicht weit entfernt, an der Spree zwischen Kanzleramt und »Beamtenschlange«, gibt es ein paar sehr schöne tiefgrüne Wiesen mit Büschen und Bäumen. Selbst die milieutypischen Bongospieler, die nach den ersten Frühlingsschauern wie Pilze aus dem Boden schießen und dann einen ganzen Sommer lang um ihr Leben trommeln, findet man hier nicht. Auch Schulklassen und Kita-Gruppen, die Lärmschneisen der Verwüstung schlagen, sucht man hier vergeblich, und nicht einmal eine jener unzähligen Baustellen ist in der Nähe, die sich mit Presslufthammer und Zementmischer wie für die Ewigkeit eingerichtet haben.

Kaum aber sinkt man ins weiche Gras, marschiert die Rasenmäherkolonne heran. Brrrrrrrrrrrmmmbrrrrrrrrrm. Offensichtlich hat es das Grünflächenamt an diesem Tag auf uns persönlich abgesehen, und jetzt geben wir wirklich auf.

Die zwei Stunden intensiver Ruhesuche sind sowieso vorbei, und so radeln wir zurück. Unterwegs begegnen wir noch der Aktion »Senioren auf Rädern«, ältere Herren, die mit dem Handy am Ohr und dem stets wachen Blick für junge Frauen am Straßenrand Multitasking für *best agers* betreiben.

Zu Hause ist immerhin die Müllabfuhr durch, und der Nachbar macht seinen Mittagsschlaf. Da ist es doch, das kleine bisschen Glück.

Der öffentliche Platz oder
Remmidemmi zwischen Kübel und Poller

Zu antiker Zeit war die *Agora* zugleich Marktplatz und Treffpunkt der Bürger, ein Ort, an dem politische und soziale Angelegenheiten diskutiert und geregelt wurden, oft auch Kultstätte mit einem Tempel. Noch heute sieht man griechischen Plätzen jene gebaute Ordnung republikanischer Geselligkeit an, die noch Mittelalter und Renaissance inspiriert hat. Eine schönere Piazza als der »Campo di Siena« ist kaum vorstellbar, doch auch kleinere Plätze wie die Piazza Garibaldi in Massa Marittima mit dem herrlichen Palazzo Communale verzaubern bis heute Reisende aus dem unwirtlichen Norden Europas. Kein Wunder, denn vor allem in Deutschland sind derartige Wunderwerke, die Intimität und Öffentlichkeit, Wärme und Weite auf letztlich unerklärliche Weise miteinander verbinden, äußerst selten. Der typische deutsche Platz, jedenfalls nach dem Zweiten Weltkrieg, ist eine zugige Stätte mit einer eklektischen Mischung aus Alt- und Neubauten, die gerade dazu taugen, das Karree oder Rund architektonisch irgendwie, meist notdürftig, abzuschließen.

Wo auf der italienischen Piazza selbst heute noch eine unsichtbare Hand für die kongeniale Inszenierung sorgt, den geheimnisvollen *genius loci* – auch wenn Kinder kreuz und quer übers Pflaster rennen und sich rüstige Senioren wild gestikulierend über ihre Altersgebrechen austauschen –, da herrscht ausgerechnet im wohlgeordneten Deutschland das ästhetische Chaos vulgo: schnöde Hässlichkeit.

Ob es die Abwesenheit jeden Sinns für Proportion und Schönheit ist oder das schlechte Wetter – der öffentliche Platz in Neugermanien verströmt sehr häufig die Atmosphäre eines verkehrsberuhigten Rondells am Ende einer Fußgängerzone, schick möbliert mit Papierkörben, Bänken, Pollern, klimaneutralen Lichtstangen, gläsernen Bushaltestellen und Betonkübeln, in denen rachitische Pflanzen sich mühen, hier und da eine kurze Scheinblüte hervorzubringen.

Dass in diesem Ambiente kein mediterranes Lebensgefühl aufkommen kann, ist klar. Doch der jahrzehntelange stadtplanerische Feldzug gegen jede Anmutung von Transzendenz und Eleganz, Stil und *Grandezza* hat eben auch dafür gesorgt, dass sich die Menschen ihrer Umgebung anpassen und milieugerecht verhalten. Sie trinken Bier, laufen in Trainingshosen herum und bilden undefinierbare Rudel, in einem Wort: Sie *hängen* kollektiv *ab* zwischen all dem stadtmöblierten Plunder.

Leider ist dies das pure Gegenteil jener lebhaft diskutierenden Gruppen von Einheimischen, die in südlichen Ländern über alles und jedes in einen leidenschaftlichen Wortstreit geraten können, egal, ob es sich um die korrekte, millimetergenaue Entfernungsmessung zwischen zwei konkurrierenden Kugeln beim Boulespiel handelt oder um die neuesten Eskapaden von Silvio Berlusconi und Nicolas Sarkozy.

In Deutschland dagegen wird selbst ein mit Millionenaufwand neoklassizistisch renovierter Ort wie der Pariser Platz am Brandenburger Tor in kurzer Zeit zum dumpf dröhnenden Ballermann-Gelände, das niemanden mehr zum heiteren Gedankenaustausch oder verträumten Verweilen einlädt. So ist das historisch einzigartige Karree zu einem lautstarken Rummelplatz mit lateinamerikanischen Panflötencombos, jugendlichen Breakdance-Akrobaten und bemalten Pantomime-Darstellern geworden, unter die sich immer wieder umherschweifende Saxofonsolisten und hoch motivierte Greenpeaceaktivisten mischen, die die kranken Gedärme umweltverseuchter Fische vor den staunenden Touristen ausbreiten.

Gegen diese Verramschung des öffentlichen Raums scheint kein Kraut gewachsen. Gäste wie Mitarbeiter der umliegenden Hotels, Banken und Büros haben längst resigniert. Nicht das Ordnungsamt, das sonst so gern anderen das Leben schwer macht, sondern nur ausgesprochen schlechtes Wetter bringt zuweilen ein wenig Linderung. Dann packt selbst der ausdauerndste Zupfgeigenhansel seinen mobilen Verstärker ein und zieht von dannen – selbstverständlich nur für kurze Zeit.

Nicht nur in Berlin wird die Ballermannisierung des zentralen Stadtraums aktiv vorangetrieben. Die weltweiten Marketingaktionen sorgen dafür, dass der Ruf der coolen Strandbars an der Spree bis nach China und in die innere Mongolei dringt. Wenn es dort auch keine Pressefreiheit gibt – für das typische Berlin-Feeling von Freiheit & Abenteuer reicht es immer noch.

Selbst eine unspektakuläre Brücke über den Landwehrkanal, ganz hübsch gelegen, wird da zum Spielplatz einer internationalen Backpacker-Boheme. Seit etwa zwei Jahren mutiert die Kreuzberger Admiralbrücke zwischen Fränkel- und Planufer im Sommerhalbjahr regelmäßig zur nächtlichen Partyzone, mit allem, was dazugehört: Gitarren, Trommeln und Verstärkerboxen, Gejohle und Gesang, Flaschenwurf und Komatrinken. Die genervten Anwohner kämpfen seitdem nicht nur gegen den ausufernden Lärm bis zum frühen Morgen, sondern auch gegen den Verdacht, sie seien letztlich nur lebensfeindliche faschistoide Spießer und reaktionäre Spaßbremsen.

Das sieht der Feuilletonist Magnus Klaue ganz anders: Die wahren Spießer seien längst keine Leisetreter mehr, sondern die Krachmacher selbst. In der linken Wochenzeitschrift »Jungle World« schrieb er:

»Keine einzige der Reportagen, die die bürgerliche Presse in den vergangenen Wochen aus den akustischen Epizentren der Hauptstadt abgedruckt hat, übte sich in kleingeistiger Empörung. Im Gegenteil: Lärm, darin sind sich die Kulturexperten von taz bis Morgenpost einig, ist geil. ›Rom hat seine spanische Treppe, und wir haben unsere Admiralbrücke‹, zitiert der Tagesspiegel zustimmend das Appeasement eines Anwohners, der ›seine‹ Brücke ›liebt‹, und weist mit Genugtuung darauf hin, dass die vom Stadtrat aufgestellten Schilder mit Ermahnungen zu akustischer Rücksicht mit der Aufschrift ›Spießer‹ übermalt worden seien. Die Zeit mokiert sich zwar über die ›Eventisierung des Viertels‹, beschreibt aber mit geradezu großbürgerlichem Kunstsinn das ›babylonische Sprachengewirr‹ und die Flaschenscherben, die ›im Teer zwischen dem Pflaster ein künstlerisches Muster bilden‹. Den Vogel schoss das Stadtmagazin Tip ab, das dem Thema ein Spezial widmete, um, unterstützt von peinlichem Gestammel des Sängers Campino, den Krach als ›Kulturfaktor‹ zu feiern.

Die Sache ist also klar: Lärmbelästigung ist Teil des Mainstreams und aus der frech-fröhlichen Hauptstadt schon aus Gründen gesamtdeutscher Gefühlsertüchtigung nicht mehr wegzudenken. Nicht wer sie ausübt, sondern wer unter ihr leidet, gilt als Spielverderber und wird mit amtlicher und medialer Unterstützung aus der multikulturellen Großfamilie ausgeschlossen... Das wahre Kollektiv der Beleidigten bilden in diesem Kampf aber längst nicht mehr die Biedermänner, sondern die Lärmenden selbst, die ihren einmal akustisch eroberten Raum mit der Patzigkeit autochthoner Grundbesitzer gegen alle Anmutungen der Zivilisation verteidigen...

Orte wie die Admiralbrücke (demonstrieren) schlagend den Verfall urbaner Öffentlichkeit, die im hippen Berliner Kiezleben endgültig zur clanförmig organisierten Rücksichtslosigkeit heruntergekommen ist. Das Neue, ja Revolutionäre an der sozialen Entgrenzung, die Orte wie das urbane Caféhaus bewirkt haben, war gerade die Entstehung einer Öffentlichkeit, die dem Einzelnen ein hohes Maß an Bewusstsein für Distanzen und anonyme Verkehrsformen abverlangte. Gerade weil im großstädtischen Alltag alle einander gleich sind – in diesem Fortschritt besteht die viel berufene urbane ›Entfremdung‹ –, ist es auch weit eher als in emotional aufgeladenen Gemeinschaften jedem möglich, zu sein, wie er möchte, ohne durch provinzielle oder partykulturelle Zumutungen belästigt zu werden…

Nur äußerlich handelt es sich bei solchen Orten um Teile einer urbanen Öffentlichkeit, in Wahrheit gehören sie längst den partikularen Zufallsgemeinschaften, die sie sich in einer Art akustischer Landnahme angeeignet haben, um Schluss mit einer Zivilisation zu machen, in der die Einzelnen ein Recht darauf haben, in Ruhe gelassen zu werden. Lärm an solchen Orten ist nicht mehr freie Äußerung ungebundenen Lebens, sondern ganz einfach das Recht des Stärkeren.«

Dem ist nichts hinzuzufügen.

Die Versammlung oder
Lang lebe der Zwischenruf aus Reihe 17!

Wenn der Mensch auf seinen Nächsten trifft, hat er was zu reden, und sei es nur Smalltalk auf einer Party. Zufällige Begegnungen gibt es überall, auf der Straße und im Zug, im Hotel oder Café, am Strand oder im Supermarkt. Doch nur bei *einer* Art des pulkartigen Zusammentreffens von Mensch und Mitmensch steht die Organisation im Vordergrund – bei der Versammlung.

Da stolpert man nicht irgendwie hinein, sondern nimmt geordnet Platz. Die Versammlung folgt einer strikten Logik von Planung, Durchführung und Resümee, wahlweise Resolution. Hier geht es ums Prinzip, um ganz wichtige Dinge, nicht selten um das große Ganze.

Zugleich ist die Versammlung ein idealer Ort für Störer aller Klassen, für Wichtigtuer und Nervensägen, Schwadroneure und Egozentriker, nicht zu bremsende Dauerredner und Zwischenrufer mit Bluthochdruck.

Aber auch professionelle Intriganten finden hier ihr ideales Brutgebiet – Opportunisten, Heuchler, Taktiker und Strippenzieher, Karrieristen und Geistesverwirrte jedweder Couleur, die ihre Botschaft zur sofortigen Weltrettung unbedingt los werden müssen.

Dabei kennt die Versammlung unzählige Varianten je nach Thema, Größe, Funktion und Grad der Öffentlichkeit.

So folgt der Parteitag ganz anderen Gesetzen als das Meeting einer Werbeagentur. Das geisteswissenschaftliche Symposion zu Fragen literarischer Hermeneutik unterscheidet sich signifikant vom Zahnärztekongress, und die Tagung in der Evangelischen Akademie über »Gott in unserer Zeit« trennt einiges vom Heimattreffen der Oberschlesier zum Pfingstfest. Die chaotische Vollversammlung in der Uni sieht völlig anders aus als der philosophische Disput in der Volkshochschule, und das Koordinationstreffen der Bürgerinitiativen gegen Atomenergie verläuft deutlich unkalkulierbarer als eine Geschichtsvorlesung zum Untergang des Römischen Reiches – zu schweigen vom Antifa-Plenum im Hamburger Schanzenviertel oder dem Sicherheitspolitischen Forum »Der Jemen zwischen Sezession und Terrorismus«. Doch auch der gemeine Straßenauflauf, der sich zur handfesten Demonstration mit kämpferischer Abschlusskundgebung ausweiten kann, gestaltet sich fast so unberechenbar wie die Ergebnisse des alljährlichen Arbeitskreises Steuerschätzung. Recht verlässlich dagegen ist und bleibt die turnusmäßige Sitzung des SPD-Ortsvereins Goslar. Ein Jahrhundert, das mit politischen Kämpfen, Programmleitlinien und Geschäftsordnungsanträgen reichlich ausgefüllt war, ist nicht einfach wegzudiskutieren.

Auch die Treffen der Wuppertaler Männergruppe »Mann oh Mann« laufen nach festgelegten Regeln ab – immerhin kann die Selbsterfahrungsgruppe auf eine stolze vierzigjährige Geschichte zurückblicken.

Doch ganz gleich, ob lockere Diskussionsrunde oder Autorenlesung, Innenministerkonferenz oder päpstliches Konklave – der Versammlungsstörer lauert überall. Manchmal erkennt man ihn nur an einem leichten Fingerschnippen der hochgereckten rechten Hand. Da viele Versammlungsleiter immer noch von den Fairnessregeln des demokratischen Für- und Miteinander durchdrungen sind, erteilen sie dem zunächst harmlos scheinenden Störer auch noch das Wort, und so nimmt das Unheil seinen Lauf.

Denn hat er erst einmal das Saalmikrofon erobert, ist es ihm kaum noch zu nehmen. Selbstverständlich stellt er nicht einfach eine Frage, sondern er hält gleich einen ganzen Vortrag. Der faustdicke Packen eng bekritzelten Papiers in seiner leicht zitternden Linken zeigt seine voraussichtliche Dauer an, doch die Höflichkeit des Moderators, der keinesfalls parteiisch oder gar autoritär erscheinen will, lässt ihn erst einmal gewähren.

So vergehen ein paar Minuten. Die Stimme des Redners wird unterdessen immer lauter und schriller. Obwohl er sich ja schon ordentlich Luft verschafft und Punkt um Punkt seiner flammenden Anklage gegen die Welt abhandelt, steigt sein Empörungspegel immer weiter an, ja, er berauscht sich geradezu an seiner eigenen Wut und redet sich mehr und mehr in Rage.

Auch im Saal wird es nun allmählich unruhig, und der sichtlich leidende Moderator versucht bislang vergeblich, dem Störer ins Wort zu fallen. Auf den berüchtigten »Teach-ins« der siebziger Jahre sorgte in diesen Fällen ein fanfarenhaft hervorgestoßener Zwischenruf aus den hinteren Reihen, gern im hessischen Dialekt vorgebracht, für Abhilfe: »*Ey, werd' doch mal konkret, Alder!!*«

Auch ein völlig sachfremder Einwurf wie »Kann mer mal mit dem Rauche aufhöre, ey!!« trug einst zur akuten Verwirrung des mikrofonbewehrten Filibusters bei. Das folgende Gestotter – äh, äh, man habe doch gerade ganz konkrete Forderungen erhoben – begünstigte meist weitere Interventionen, um dem Störer Einhalt zu gebieten.

Kurz: Irgendwann ist Schluss, aber die Stimmung ist im Keller. Denn es ist die Eigenschaft des Versammlungsstörers, dass er wie ein Tropfen Rohöl in der Badewanne wirkt – er verdirbt alles.

Bei Autorenlesungen – Generationen von Schriftstellern können es bezeugen –, ist es stets derselbe Typus Zuhörer, der die erste Frage stellt, die sich ihre endlos mäandernde Antwort gleich selber gibt. Der Mann hat ein Leben lang geschwiegen, jetzt muss er reden. Meist zerpflückt er die Hauptthese des vorgetragenen Werks bis zum letzten Grashalm auf der Wiese der Erkenntnis, zählt all das auf, was der oberflächliche Schreiberling fahrlässig weggelassen, skandalöserweise nicht erwähnt oder gar mit Absicht unterschlagen hat, und stellt das Versagen des Autors in einen größeren gesellschaftskritischen Zusammenhang. Unzweifelhaft waren hier auch undurchsichtige Lobbyeinflüsse im Spiel, und der schlimmste Vorwurf wird am Ende nur noch verächtlich herausgeschleudert: »Sie wollen mit dem Buch doch bloß Kasse machen!«

Kluge Veranstalter lassen deshalb gar keine Diskussion mehr zu, sondern stellen das Publikum gleich mit Bier, Wein und trockenen Brezeln ruhig. So entgeht man nicht nur der sonst unausweichlichen, aber vergleichsweise harmlosen Frage, ob das Werk des Autors denn »autobiografisch« sei, sondern kommt auch früher ins Restaurant, wo dem erschöpften Skribenten ein schönes Abendmahl serviert wird.

In schweren Fällen – und in kleineren Städten – tritt dann noch ein Zuhörer, der rein zufällig am Nachbartisch Platz genommen hat, heran und versucht, ein persönliches Gespräch mit dem Dichter und Denker zu beginnen, welcher sich gerade eine Gabel Spaghetti Vongole in den Mund schiebt. Nun beginnt der Nahkampf mit dem Störer, der natürlich nur darauf wartet, auf der Eckbank Platz nehmen zu dürfen.

Ist dieses Ansinnen taktisch versiert abgeschmettert, lauert eine letzte Gefahr: die engagierte Buchhändlerin. Sie meint es gut, aber sie will auch was von dem Abend mit nach Haus nehmen. Ihr Gesprächsbedürfnis ist außerordentlich hoch, ihre Fragen zum Buch tiefgründig, und selbst die Augen bergen eine Intensität des gedanklichen Austausches, dem sich der Autor zu vorgerückter Stunde nicht mehr wirklich gewachsen fühlt. Viel lieber würde er sich jetzt die letzten Minuten des Champions-

League-Spiels Schalke 04 gegen Fenerbahce Istanbul an-
schauen – vom Hotelbett aus.

Ähnliche Gedanken hegen auch Zuhörer all der Vorträge
auf Seminaren und Symposien, Tagungen und Kongres-
sen, die längst zu einem riesigen Geschäftszweig geworden
sind. Oft scheint es so, dass Tausende von Konferenzen nur
die Kulisse für jene Bequemlichkeit des Geistes bilden, die
Geschäftigkeit mit Kreativität verwechselt und physische
Anwesenheit mit intellektueller Aufmerksamkeit.

Häufig ist hier der Redner selbst der Störer, der in lang-
atmigen Ausführungen nur das variiert und ausbreitet,
was schon in der Synopse des Programmhefts stand. Wie
die meterdicke Fettschicht beim weißen Wal das pochende
Herz, so umschließt der eineinhalbstündige Vortrag des
Professors für Medientheorie jene winzige Passage, in der
so etwas wie ein Gedanke aufscheint, die Blässe einer halben Idee.

Umso mehr gilt es, die eigene Bedeutung szenisch und
dramaturgisch aufzupolieren. Bis zur Schmerzgrenze und
im Tonfall eines Pastors, der längst glaubt, ein Kurienkar-
dinal zu sein, verkündet der vermeintliche Experte hoch-
trabend Banalitäten, die man keinem Erstsemesterstuden-
ten durchgehen lassen würde.

Aber so funktioniert die Logik einer akademischen Konferenz: Zwar ist das Publikum, wie meist, zutiefst gelang-
weilt, freut sich aber schon auf das Buffet danach – und
auf die Gespräche mit Kollegen, die ihr eigenes »Impuls-
referat« natürlich ganz anders anlegen werden, viel poin-
tierter, provokativer und frischer, »irgendwie heutiger«.
Anschlussfähig halt.

Noch ahnen sie nicht, dass ein ihnen gänzlich unbe-
kannter Störenfried aus Reihe 17 ein gut halbstündiges Co-
Referat vorbereitet hat. Gerade stärkt er sich mit einem
Teller Antipasti.

Epilog

Die Wellness-Gesellschaft oder
Ich kann nichts dafür

Es war ein Winter des Missvergnügens. In Berlin herrschte Anfang des Jahres 2010 ein Ausnahmezustand, wie es ihn lange nicht gegeben hatte. Über viele Wochen wurden Straßen und Bürgersteige von einer abenteuerlichen Mischung aus Schnee, Eis, Matsch und Dreck beherrscht, die jeden Gang zur alpinen Herausforderung machte. Meterhoch türmten sich die Eis- und Schneeberge in der Stadt, und plötzlich hatte das Wort »Berlin-Blockade« eine ganz neue Bedeutung gewonnen. Tausende Menschen stürzten auf diesem urbanen Kampfglacis und brachen sich Knochen, Hüft- und Sprunggelenke. In den Notaufnahmezentren der Krankenhäuser wurde Alarmstufe 1 ausgerufen, die Chirurgen operierten rund um die Uhr. Mehrere Personen erlagen ihren Verletzungen. Viele alte und gebrechliche Menschen blieben wochenlang in ihren Wohnungen gefangen, denn jeder Schritt vor die Tür barg ein unkalkulierbares Unfallrisiko. Doch auch junge gesunde Bürger schwebten ständig in Gefahr, auf dem teils spiegelglatten Parcours auszurutschen. Unzählige Autofahrer versuchten verzweifelt, mit erbärmlich aufheulenden durchdrehenden Reifen aus ihrer völlig vereisten Parklücke herauszukommen, und selbst für die glücklicheren Zeitgenossen verwandelte sich jeder Zahnarzttermin in einen Kampf mit den widrigen Elementen. Bergschuhe waren Pflicht und Spikes zum Anschnallen binnen Tagen ausverkauft.

Erst nach Wochen dieses absurden Dramas fing die Stadt allmählich an, sich zu fragen, ob das alles ein unabwendbares Naturereignis sei oder doch eine Wendung des Schicksals, die auch von Menschen gemacht, also durchaus beeinflussbar gewesen wäre. Mit dem sprichwörtlichen Berliner Tempo »im Koppe« kam man rasch darauf, dass all die Unzulänglichkeiten vielleicht auch etwas damit zu tun haben könnten, dass fast niemand mehr die Bürgersteige vom Schnee räumt, bevor er taut und gefriert und taut und gefriert.

Zwar existiert die entsprechende gesetzliche Verpflichtung für alle Hauseigentümer, doch allenfalls zehn bis zwanzig Prozent haben sich daran gehalten. Die Stadtverwaltung selbst unternahm nichts, nur die wichtigsten Straßen wurden einigermaßen geräumt. Der Rest war Leidensfähigkeit, Durchhaltevermögen und die melancholische Erinnerung an die legendäre Berlin-Blockade von 1948. Auch die ging ja irgendwann zu Ende.

Doch die Medien erkannten alsbald den hausgemachten Skandal des Berliner »Horrorwinters« und brachten immer neue erschütternde Bilder von Eiselend, Bürgerwut und Schneechaos. Die Apokalypse begann gleich vor der Haustür. Immer mehr Menschen beschwerten sich per Leserbrief oder Anruf beim Ordnungsamt, und Politiker forderten den Einsatz von arbeitslosen Hartz-IV-Empfängern. So wurde der öffentliche Druck immer größer, und irgendwann sah man tatsächlich ein paar Menschengruppen in dicken Jacken, die sich mit Schaufeln und Eispickeln an die Arbeit machten. Doch da war es eigentlich schon zu spät. Nach schier endlosen Wochen setzte tatsächlich Tauwetter ein und löste das Problem auf natürliche Art.

Doch es blieb die Parabel, die zum Menetekel wurde: Hätte jeder Einzelne, wie es das alte Sprichwort will, einfach vor seiner eigenen Tür gekehrt, dann hätten sich alle viel Ärger, Schmerz, Leid und Krankenhauskosten ersparen können. Allein, auf diese historisch gut erprobte Idee war niemand gekommen – abgesehen von einigen wenigen, die offenbar noch mentale Spurenelemente von Trümmerfrau, Hauswart und Wilmersdorfer Witwe in sich entdeckten und ganz ohne offiziellen Auftrag oder behördliche Erlaubnis ans Werk gingen. Als »Berliner Eis-Helden« feierte sie schließlich die Boulevardpresse. Dabei hatten sie nichts anderes getan als die berüchtigte schwäbische Hausfrau seit eh und je, egal, ob gerade Kehrwoche ist oder nicht.

Waren also wieder mal die 68er schuld, die Schneeräumen immer schon als Abgrund eines faschistoiden Spießertums, als Unkultur eines verspäteten Nazi-Blockwartwesens demaskiert haben? Fehlt er also doch, der einstige Abschnittsbevollmächtigte aus stasiseligen DDR-Zeiten, der immerhin für Ordnung rund ums Haus gesorgt hat? Oder muss einfach der gute alte Gemeinsinn wieder her, bei dem der Ehrliche und Fleißige im Sinne Ulrich Wickerts nicht länger der Dumme ist?

Was fest steht: In den vergangenen Jahren hat sich ein eigenartiges Zuschauer-Gen offenbart und flächendeckend ausgebreitet, das offenkundig tief in der sozialen DNA verankert ist: Jeder wartet, was passiert, und schaut sich erst einmal an, was die anderen machen, um sich dann darüber zu beschweren. Idealtypisch ist das Zuschauer-Gen in der Pose des am Fensterbrett hängenden Nachbarn versinnbildlicht, der, sorgfältig auf seine Ellbogen gestützt, einfach nur zusieht und nichts tut – außer seinen Kopf zu schütteln über den schlimmen Lauf der Dinge.

Wie in einer jener unzähligen »Reality«-Formate des Fernsehens ist man stets *live* dabei, ohne aber sich selbst als – womöglich handelndes und moralisch verantwortliches – Subjekt zu begreifen. Es handelt sich hier allerdings nicht um jenen teils sadistischen Voyeurismus, der sich immer schon am unmittelbaren Elend anderer ergötzte, seien es öffentliche Hexenverbrennungen im Mittelalter, das heiß laufende Pariser Schafott zu Zeiten der Französischen Revolution oder ein Massenunfall auf der A 9 zwischen Braunschweig und Magdeburg.

Nein, im aktuellen Szenario ist die gesellschaftliche Wirklichkeit immer etwas Fremdes und Bedrohliches, Ungreifbares und Undurchschaubares, irgendwie abstrakt und exotisch, jedenfalls etwas, was von anderen gelenkt und geregelt, gesteuert und beherrscht wird. Der Einzelne erscheint in diesem wirren Puzzlebild stets als hilfloses Opfer anonymer Mächte, als RTL2-Bürger mit sehr beschränkter Haftung.

In der modernen, hoch differenzierten Gesellschaft wirkt die Normalität derart perfekt organisiert, dass Störungen des gewohnten Ablaufs immer nur eine wesentliche Reaktion hervorrufen: die Frage nach dem Schuldigen, dem Fehler im System, mangelnder Funktionstüchtigkeit und politischer Verantwortung.

Wenn es am Ende schon keine Rücktritte von Amtspersonen gibt, dann wenigstens ein neues Gesetz oder eine neue Verordnung. Kurz: Die Verantwortung für praktisch alle Lebensumstände ist an ein kompliziertes System delegiert worden, dessen Funktionieren wie selbstverständlich vorausgesetzt wird, ganz so, als lebe es nicht von Bedingungen, die immer wieder erneuert und verändert werden müssen. Und »die Politiker«, das ist der Glaubenssatz der modernen und serviceorientierten Wellness-Gesellschaft, »müssen ihre Versprechen halten«, so, als handle es sich um fürsorgliche Eltern, die ihren Kleinen ein Eis versprochen haben. Die individuelle Verantwortung des Bürgers schrumpft derweil auf eine vernachlässigbare Restgröße. Damit offenbart der demokratische »Souverän«, das Volk, alles andere als seine Souveränität, während die Infantilisierung der Gesellschaft munter voranschreitet.

Vor einiger Zeit erstattete eine erboste Skifahrerin Anzeige, weil sie beim Anstehen an einem Skilift gestürzt war. Grund ihrer Klage: Der Betreiber der Anlage hatte nicht gestreut. Wahrscheinlich fordert sie als Nächstes Haltegriffe auf der Piste und bequeme Schaummatratzen im Abstand von hundert Metern. Im Bannkreis ähnlich atemberaubender Logik verhalten sich Amateur-Bergsteiger, die in T-Shirt und Turnschuhen hochalpine Strecken absolvieren und sich darauf verlassen, dass im Notfall der schicke »Heli« von der Bergrettung kommt und sie sicher und bequem ins Tal fliegt. Das hilfreiche Handy ist natürlich immer am Mann.

Auch Wolf S. vertraute blind dem System. In seinem Fall handelte es sich um das Navigationssystem seines Autos, mit dem er Mitte Mai 2010 auf einer kleinen Seitenstraße zum Hauptplatz der österreichischen Stadt Villach unterwegs war. Doch dann wurde die Gasse schmaler und schmaler, und schließlich steckte sein Wagen hilflos fest, eingeklemmt zwischen zwei massiven Hausmauern. Es ging weder vor noch zurück. Ein Stillleben der Selbstblockade. Die Feuerwehr musste ihn befreien. »Ich sah schon, dass es immer enger wurde, aber ich dachte mir halt, wenn das *Navi* das sagt, dann wird es schon passen«, versuchte Wolf S. den Systemunfall zu erklären und bestätigte damit eindrucksvoll die Existenz des Zuschauer-Gens: Selbst wenn wir eigenhändig am Steuer sitzen, vertrauen wir nicht uns selbst und unseren fünf Sinnen, sondern verlassen uns auf eine anonyme Macht, sei sie nun grundgut oder einfach nur böse.

Es ist, als bewahrheite sich die These des Philosophen Günther Anders von der »Antiquiertheit des Menschen« aus dem Jahre 1958 ein zweites Mal. »Phantomsklaven« nannte er jene technischen Geräte, die uns das Ferne nah bringen, das Nahe – und Naheliegende – aber entfernen, genauer: entfremden. Vor allem die modernen Massenmedien, so Anders, führten zu einer »Verfremdung« und »Verbiederung« der »ins Haus gelieferten Welt«. »Entfremdung« und Verdinglichung« wären die entsprechenden Begriffe der Kritischen Theorie von Adorno, Horkheimer und Marcuse. Allem zugrunde liege ein tief sitzender Minderwertigkeitskomplex des Menschen gegenüber der Allmacht jener Maschinen und Apparate, die sein Leben mehr und mehr bestimmten.

Diese »Prometheische Scham« angesichts einer komplexen »Gerätewelt«, die der Mensch ja selbst hervorgebracht hat, bewirke eine »Identitätsstörung«, eine Verunsicherung jener subjektiven »Einzigartigkeit«, die das Individuum ja erst ausmacht. In der Schilderung eines persönlichen Erlebnisses bei einer Eisenbahnfahrt offenbart sich die seltsam verkehrte Welt im Kleinen: »Als ich einmal im Pullmannabteil einer Gegenübersitzenden, die sich gerade einer ihr offenbar sehr teuren Männerstimme, die markig aus ihrem winzigen Apparat heraustönte, hingab, einen guten Morgen bot, zuckte die zusammen, so als sei nicht der Herr im Kasten das Phantom, sondern ich; und als hätte ich mich eines ungeheuerlichen Hausfriedensbruchs in ihre Wirklichkeit, nämlich in die ihres Liebeslebens, schuldig gemacht.«

Dabei war der »winzige Apparat« nichts anderes als ein mobiles Dampfradio anno Tobak, und man wünschte sich, der 1992 verstorbene Nazi-Flüchtling Günther Anders, der von 1930 bis 1937 mit der Philosophin Hannah Arendt verheiratet war, hätte noch eine Reise im ICE des Jahres 2010 unternehmen können. Vor lauter Handygeklingel, Wichtigtuergeschwätz, iPod-Gebrumme und Laptop-Gebimmel hätte er schnurstracks die Notbremse gezogen und umgehend mit einer radikal überarbeiteten Neufassung seines Hauptwerks begonnen.

Doch je mehr die anonyme Macht abstrakter, nicht begreifbarer Zusammenhänge – von Hedgefonds und Credit

Default Swaps bis zur digitalen Computertechnologie – wächst, desto mehr steigt auch das Bedürfnis nach physischer Selbstbestätigung, nach »Authentizität« und handfester Unmittelbarkeit: nach einer zumindest inszenierbaren Identität.

Wie zur Kompensation der gefühlten Weltohnmacht, die das einzelne Ich auf Erbsengröße schrumpfen lässt, dehnt sich ein krudes Ego aus, das nichts mehr kennt außer seinem eigenen Recht zur – notfalls flegelhaften – Selbstbehauptung. So werden früher undenkbare Grenzüberschreitungen zwischen privater und öffentlicher Sphäre genauso zum Normalfall wie jene Distanz- und Formlosigkeit, die das Verhältnis zum Mitmenschen, dem Nächsten und Übernächsten, erst zum richtigen Störfall machen.

Es gilt das geplapperte Wort.

Keine Gnade für niemand.

Nachbemerkung oder
Jeder ist sich selbst der Nächste

Beim Schreiben eines Buches gehen seltsame Dinge vor. Nach einiger Zeit beginnen Worte und Begriffe sich zu verselbstständigen. Das gilt zuallererst für Romanfiguren, die dem Autor aus dem rauchenden Kopf in eine fiktive Wirklichkeit entlaufen. Zuweilen vermischen sie sich dabei unmerklich auch mit der ganz handgreiflichen Realität.

Der gleiche interaktive Vorgang ist aber auch bei streng wissenschaftlichen, empirisch abgesicherten Sachbüchern wie der vorliegenden Sozialstudie zu beobachten.

So kamen mir bereits nach zwei Monaten die eigenen, eben erst dingfest gemachten, eigenhändig kartografierten und akribisch festgehaltenen Störertypen schon auf der Straße entgegen: eins zu eins, in Lebensgröße, absolut echt und authentisch. Darunter befand sich der geflügelte Kampfradler ebenso wie der quasselnde Autist, die touristische Urhorde wie der blindlings beseelte Feng-Shui-Fußgänger, dazu lärmende Straßenmusikanten, eifrig klappernde Stockstörer und jede Menge Kampfmütter mit und ohne Kinderkübelwagen, den Kampfpanzern der spät gebärenden Biobessermenschen.

Zu einem fortgeschrittenen Zeitpunkt konnte ich sogar – wie das rote Hühnercurry Nr. 33 auf der Speisekarte im Thai-Restaurant – die prekären Zufallsbegegnungen im richtigen Leben mit meinen Nächsten sekundenschnell per Digitalanzeige bestimmen: Klarer Fall von Seite 63: der Straßenbiertrinker, süßsauer oder feinherb. Und hier, Seite 58, der Feten-Scholl-Latour, der beim Thunfischcarpaccio Weltfinanzkrise, Al-Qaida-Terror und Afghanistankrieg in einem Aufwasch bewältigt, und zwar nachhaltig. Und da der nervende Tischnachbar, Seite 82, dessen

Manschettenknöpfe vor Wichtigkeit fast aus dem Hemdsärmel platzen.

Selbst in meinen alltäglichen Gesprächen wurde die Welt immer mehr zum Planeten der Störenfriede. So berichtete sogar mein Apotheker beim befreundeten Weinhändler noch ganz erregt von einer Mutter, deren zwei Kinder zwischen den Arzneimittelregalen derart lautstark randaliert hatten, dass er sich gezwungen sah, mäßigend einzugreifen. »Meine Kinder erziehe immer noch ich!«, empörte sich sogleich die aufgebrachte Mittemutti, und nur mit Mühe verkniff sich der Apotheker die überfällige Retourkutsche:

»Dann tun Sie es doch!«

Kennern der internationalen Störerszene wird natürlich aufgefallen sein, dass auf diesen Seiten nur ein Bruchteil all jener Zeitgenossen zu Ehren kommt, denen man am Besten aus dem Wege ginge – wenn man denn könnte.

Doch enzyklopädische Vollständigkeit ist nicht unser Ziel.

Wie immer geht es ums Prinzip: Meide deinen Nächsten, wo du ihn triffst! Rücke den Tisch demonstrativ ein Stück vom Nachbarn weg, wenn er wieder mal in Zimmerlautstärke Vorträge hält, während du einfach nur dein Zitronengrassüppchen genießen willst. Fahre in den Wald, wenn montags die Müllabfuhr stundenlang deine Straße belagert. Fliehe auf eine einsame Alm, wenn ein Reisebus vor deinem Urlaubshotel seine achtzig lärmenden Insassen ausspuckt.

Kurz: Sei stark und kämpfe für deine Freiheit. Denn siehe, dir wird nichts geschenkt werden auf Erden. Am allerwenigsten Ruhe und Zufriedenheit. Von Glück nicht zu reden.

An diesem Punkt freilich droht die Sache zu kippen.

Das löbliche Bestreben nach spätantiker Seelenruhe und geistiger Gelassenheit, nach Zuständen also, die in unseren Zeiten zu extremen Ausnahmetatbeständen des alltäglichen Lebens geworden sind, kann auch in neurotische Verhaltensweisen umschlagen, in ungesunden Eifer und unschöne Egozentrik. Besonders ein gewohnheitsmäßiger Stadtneurotiker wie der Autor dieser kleinen Störerfibel neigt dazu, vor lauter Suche nach dem stillen Glück im Hier und Jetzt die Maßstäbe aus den Augen zu verlieren.

Ein bisschen erinnert diese empfindungsreiche Überspanntheit gewiss an Woody Allens Seelennöte, auch wenn diese meist durch schlechte Filme und schöne Frauen hervorgerufen wurden. Doch der kleine Unterschied betont die große Gemeinsamkeit: Es sind eben die unbelehrbaren Romantiker, die den Idealzustand des dauerhaften Glücks erträumen und gerade deshalb so anfällig sind für Störungen aller Art.

Selbst kleinste Irritationen, die andere gar nicht bemerken, können das Gleichgewicht der empfindsamen Seele auf dramatische Weise beeinträchtigen. Woody Allen hat diese letztlich sozialpsychologisch geprägte Hypochondrie mustergültig in Worte gefasst:

»Mein Zimmer ist feucht, und dauernd habe ich Schüttelfrost und Herzklopfen. Ich habe auch festgestellt, dass ich keine Servietten mehr habe. Will es denn niemals enden? Ich frage mich beständig, ob es ein Leben nach dem Tod gibt, und wenn es eins gibt, werden sie in der Lage sein, einen Zwanziger zu wechseln?«

Hier zeigt sich kongenial der nervöse Perfektionismus des Stadtneurotikers. Er sieht im Kleinen stets das große Ganze und ahnt beim Zwicken des Knies oder im Lärm einer betrunkenen Touristenhorde das Ende der Welt. Davor will er aber noch schnell sein Wechselgeld zurückhaben, um die Zeitung von morgen zu kaufen.

Und so übermitteln die Störenfriede stets ein und dieselbe Botschaft an die geplagten Glücksritter der Großstadt:

Die schöne Idee von der verzauberten Welt kannst du dir abschminken! Dafür sorgen wir schon. Wir, die Flachzangen, Nervensägen und Bongotrommler aller Länder! Wir, die Apfelschäler, Nasenbohrer und Dumpfbacken sämtlicher Anbaugebiete!

Derweil gewinnt der innere Blockwart des Stadtneurotikers immer mehr an Gestalt, und am Ende droht der Romantiker, selbst zum Störenfried zu werden, zum ewigen Beschwernisträger und Jammerhorst, ja, zur Nervensäge eo ipso.

In den seltenen ruhigen Stunden aber spürt der störanfällige Romantiker den großen Frieden in der Welt, die Natur, den Kosmos und das Wunderbare über ihm, den furchtbar netten Nachbarn aus dem vierten Stock.

Dann ist er geradezu beseelt von Nächstenliebe und könnte die ganze Welt umarmen. *Freude schöner Götterfunken, Tochter aus Elysium*. So ruft er in die laue Luft: »Ich liebe euch doch alle!«

Reinhard Mohr
Der diskrete Charme der Rebellion
Ein Leben mit den 68ern

238 Seiten. ISBN 978-3-937989-31-0

Trotz der erbitterten ideologischen Auseinandersetzungen zwischen links und rechts ist heute unbestritten: 1968 war die historische Zäsur der deutschen Nachkriegsgeschichte seit 1945, vergleichbar nur mit dem Fall der Berliner Mauer im November 1989. Zugleich ist »68« ein Mythos, eine Generationen übergreifende Erzählung, deren Wirkungen andauern – ein immer wieder neu betrachtetes schillerndes Phänomen, das auch durch eine noch so akribische Analyse schwer zu fassen ist.
Jenseits von Beschönigung und Verklärung, dafür mit Schwung, Ironie und dem Abstand der Jahre schildert Reinhard Mohr jene Epoche, die noch keine Angst vor der Klimakatastrophe hatte, sondern vom Strand unterm Straßenpflaster träumte: Phantasie an die Macht!

wjs

Dirk Maxeiner
Hurra, wir retten die Welt
Wie Politik und Medien
mit der Klimaforschung umspringen

224 Seiten. ISBN 978-3-937989-63-1

Weltweit führende Klimaforschungsinstitute und der
»Weltklimarat« (IPCC) sind ins Gerede gekommen:
Statistiken und Temperaturkurven sollen frisiert und
andersdenkende Wissenschaftler ausgebootet worden
sein. Es stellte sich heraus, dass der als »Konsens
tausender Wissenschaftler« gefeierte Lagebericht des
IPCC peinliche Fehler enthält, die aber vertuscht wurden,
um die politische Botschaft nicht zu verwässern.
Dirk Maxeiner will seine Leser in die Lage versetzen, sich
ein eigenes Bild von den Vorgängen in unserer Umwelt
und Gesellschaft zu machen: Welche Klimaveränderun-
gen lassen sich tatsächlich messen und beobachten?
Gibt es neue Erkenntnisse, die eine dramatische
Zuspitzung rechtfertigen? Was sagen Modellrechnungen
über die Zukunft und wie zuverlässig sind sie? Vor allem
aber: Welche Interessen verbergen sich eigentlich hinter
der Beschwörung der Katastrophe?

»Ich habe dieses Buch in einem Rutsch gelesen.
Es ist das Beste, das ich zu diesem Thema kenne.«
Jan Veizer, Geowissenschaftler und Klimaforscher,
Leibniz-Preisträger

wjs